プロが教える!

多肉植物の育て方・楽しみ方

二和園オーナー・園主
向山幸夫 監修
Mukoyama Yukio

図鑑
630種

SUCCULENT PLANTS

西東社

多肉植物の魅力

見ても、育てても楽しい多肉植物。
数ある中から、個性的な姿を持つ人気種をご紹介します。

Echeveria

エケベリア

美しいロゼットの葉姿を楽しむ

ロゼットの葉が幾重にも重なり、八重咲きのバラの花を思わせる葉姿を観賞します。

エケベリアは種類が多く、初夏から夏に花を咲かせたり、秋に美しく色づくものもあり、葉の形や色の変化も多彩なので、寄せ植えのカラーリーフとしても人気です。
徒長すると整ったロゼット型の美しい姿にならないので、日照不足には注意しましょう。また、ロゼットの葉の間に水がたまったままだとそこから株が腐ることがあるので、カメラ用ブロワーやストローなどで吹き飛ばしておきます。

エケベリア「七福神」

Mesens

メセン類

かわいらしい花を楽しむ

コノフィツム「花園」

ハマミズナ科のコノフィツムやリトープスなどを総称してメセン類と呼んでいます。メセンは「女仙（メセン）」の文字を当てますが、これは「仙人掌（サボテン）」の文字を当てる男性的なサボテンに対して、すべすべした葉の質感から「女仙」を当てたといわれています。

メセン類は、しおれた古い葉を脱ぎ捨てて脱皮することでも知られ、秋から冬にかけて咲く小さな花もとてもきれいです。コノフィツムは、赤やピンク、オレンジ、黄色などのカラフルな花を咲かせ、リトープスは主に白い花を咲かせます。高温期の蒸れに注意し、できるだけ夏を涼しく過ごすなど、管理をしっかり行うと毎年花が楽しめます。

Haworthia

ハオルチア

みずみずしい緑色の葉色を楽しむ

ハオルチアにはかたいシャープな葉をもつ「硬葉系」もありますが、明るい緑色の葉を楽しむのは「軟葉系」で、オブツーサが代表種。葉の先端部に半透明の「窓」があり、日にかざすと葉がガラスのように透き通って見えます。

透明感と幾何学的な模様を楽しみますが、強い日差しに当たると生長が止まったり、葉焼けを起こします。みずみずしい姿を観賞するには、周年風通しのよい戸外に置き、やや湿度を高めに保ちながら育てますが、室内の明るい窓辺でも育てられます。

ハオルチア
達磨オブツーサ

Codex

コーデックス

異様な雰囲気が満ちた憧れの存在

株に比べて不釣り合いなほど根や胴体がぼってりと肥大したコーデックス。塊根(かいこん)植物ともいい、欧米では「ボンサイ・サキュレントゥ（Bonsai Succulents）と呼ばれています。種類が多く、剪定(せんてい)して盆栽風に仕立てて楽しめるのも魅力です。

茎がまん丸にふくらむもの、背が低くて幅が広いもの、縦に伸びて大型になるものなど、さまざまなフォルムが楽しめ、赤や黄色の花を咲かせるのものあり、人気種になっています。

時間をかけて少しずつ大きくなっていく姿が見られるのが楽しみですが、特殊な管理が必要です。他の多肉植物に比べて乾燥に強い性質があります。過湿にならないように注意し、冬は温室や室内で管理します。

モンソニア・ムルチフィドウム

CONTENTS

4 多肉植物の図鑑

主に葉が多肉化した植物

ベンケイソウ科

ハマミズナ科

ススキノキ科

キジカクシ科

ツユクサ科

イラクサ科

コショウ科

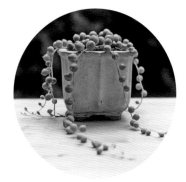

1
多肉植物の基礎知識

多肉植物を栽培するうえで、押さえておきたいポイントをやさしくまとめました。多肉植物の性質や生育型を知り、機嫌よく育つ環境を整え、上手につきあいましょう。

多肉植物ってどんな植物？

多肉植物とは読んで字のごとく肉の多い植物で、英語では「succulent plants」。直訳すると“水っぽい植物”となります。これは、植物分類上のことではなく、ただ単に見た目で太っている植物のことをいいます。

多肉植物は、雨が少なく一般の植物が生活できないような乾燥地帯で生きるために進化してきました。ユニークなフォルム（形姿）や美しい色彩、愛らしい花を咲かせるものなど種類も多く、原種だけでも数千種以上あるといわれています。

多肉植物はクサスギカズラ科（旧ユリ科、リュウゼツラン科、ヒヤシンス科、等を含む）、ベンケイソウ科、キョウチクトウ科、トウダイグサ科、ハマミズナ科、ウリ科等々、あらゆる科にまたがっていて、いずれも植物体のどこかがふくらんでいます。これを多肉化といい、葉、茎、地下部を含めた根など、肉厚の部分はさまざまですが、共通しているのは、多肉化した部分に水分や栄養分などを貯蔵しているということです。したがって、その貯金を使い果たすまでは、水を吸ったり、光合成で養分をつくるなど、生きていくために働かなくても、どうにか生命を維持できます。

※サボテンも多肉植物の一種でよく似ているが、刺が生えている刺座（しざ）という部分に毛があるのがサボテン。園芸上はサボテン科の植物をサボテンと呼んで区別している。

“多肉植物は高山植物だと思って栽培してほしい！”

多肉植物は熱帯や亜熱帯を故郷にもつものが多いので、暑さに強いと考えがちですが、熱帯植物ではなく、むしろ高山植物だと思って栽培してほしいものです。

たとえば、10 ～ 25℃くらいが生育適温のアエオニウムの挿し木は、秋でないとうまくいきません。これはアエオニウムが暑さに弱いからです。春に挿し木して発根しても、生育が始まり、初夏になって気温が上がり始めると生育が止まるか、悪くすると枯れてしまいます。そこで、日本では秋に挿し木などの繁殖作業をすれば、春まで続けて生長し、夏までに観賞できる姿に完成します。

このように種類によって、その生存、生長のための適温があります。それぞれの性質を知り、それに合わせて育てることが大切です。

多くの多肉植物は温度と日長（昼間の長さ）で生育する時期が決まり、一年のうちでよく育つ時期と、休眠して生育が止まる時期があります。そのため四季のある日本での栽培は、「**春秋型種**」、「**夏型種**」、「**冬型種**」の３つの生育型タイプに分けて育てるのが一般的です。

生育型別栽培方法

タイプ〈1〉春秋型種

栽培のポイント

- 夏は根腐れや蒸れで失敗しやすいので休眠させた方が安心。
- 冬は低温と過湿に注意。

セダム（➡P78）

エケベリア（➡P54）

ハオルチア（➡P106）

センペルビウム（➡P82）

生育適温は10～25℃。日本では春と秋に生育し、夏は生育が緩慢になり、冬は休眠するタイプです。ベンケイソウ科の多肉植物の多くがこのタイプで、紅葉するものもあります。

蒸し暑い日本の夏を乗り切るには、断水して強制的に生育停止（休眠）させたほうが、株の傷みは少なく安心できます。冬の休眠期も水やりを控え、低温に注意します。

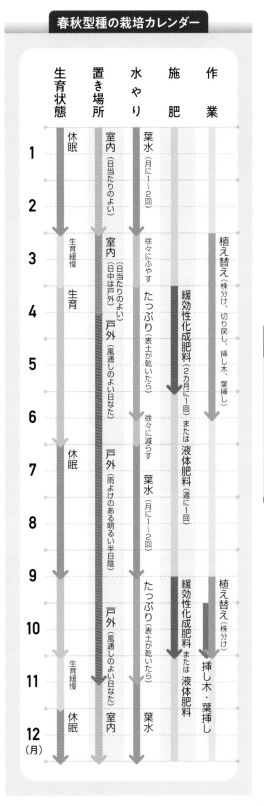

春秋型種の栽培カレンダー

(月)	生育状態	置き場所	水やり	施肥	作業
1～2	休眠	室内（日当たりのよい）	葉水（月に1～2回）		
3	生育緩慢	室内（日当たりのよい）（日中は戸外）	徐々にふやす		植え替え（株分け、切り戻し、挿し木、葉挿し）
4～5	生育	戸外（風通しのよい日なた）	たっぷり（表土が乾いたら）	緩効性化成肥料（2カ月に1回）または液体肥料（週に1回）	植え替え（株分け、切り戻し、挿し木、葉挿し）
6	生育	戸外（風通しのよい日なた）	徐々に減らす		
7～8	休眠	戸外（雨よけのある明るい半日陰）	葉水（月に1～2回）		
9～10	生育	戸外（風通しのよい日なた）	たっぷり（表土が乾いたら）	緩効性化成肥料 または 液体肥料	植え替え（株分け）／挿し木・葉挿し
11	生育緩慢	戸外（風通しのよい日なた）	たっぷり（表土が乾いたら）		挿し木・葉挿し
12	休眠	室内	葉水		

生育型別栽培方法

タイプ〈2〉
夏型種

アロエ（➡P100）

アガベ（➡P112）

カランコエ（➡P69）

ガステリア（➡P104）

パキポディウム（➡P163）

アデニウム（➡P162）

生育適温は20～30℃。日本では夏に生育し、春や秋は生育が緩慢になり、冬には生育を停止して休眠するグループです。アガベやアデニウム、パキポディウムなどのように暑いほど生育がよい種類もありますが、暑すぎるのを嫌う植物もあるので、このグループを単に暑さに強いと考えるのは間違いです。

極端な過湿も嫌うので、根腐れや蒸れに注意し、遮光して風通しよく過ごさせます。冬は完全に断水して、低温に注意し、室内の窓辺などで管理しましょう。

栽培のポイント

- 夏は根腐れや蒸れで失敗しやすいので、雨に当てず強い日差しは避ける。
- 冬は断水して、低温に注意。

夏型種の栽培カレンダー

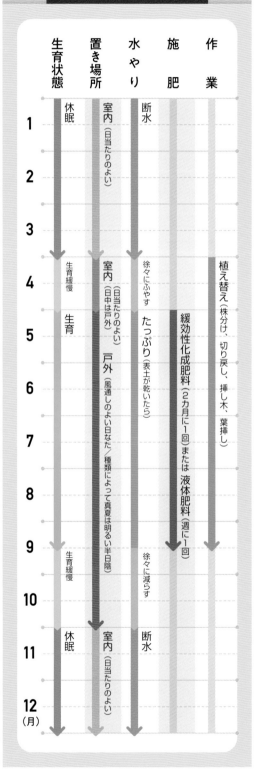

生育状態
- 1～3月：休眠
- 4月：生育緩慢
- 5～9月：生育
- 10月：生育緩慢
- 11～12月：休眠

置き場所
- 1～3月：室内（日当たりのよい）
- 4～5月：室内（日当たりのよい）（日中は戸外）
- 5～10月：戸外（風通しのよい日なた／種類によって真夏は明るい半日陰）
- 11～12月：室内（日当たりのよい）

水やり
- 1～3月：断水
- 4月：徐々にふやす
- 5～9月：たっぷり（表土が乾いたら）
- 10月：徐々に減らす
- 11～12月：断水

施肥
- 5～9月：緩効性化成肥料（2カ月に1回）または液体肥料（週に1回）

作業
- 4～9月：植え替え（株分け、切り戻し、挿し木、葉挿し）

生育型別栽培方法

タイプ〈3〉

冬型種

リトープス（➡ P95）

コノフィツム（➡ P87）

オトンナ（➡ P126）

アエオニウム（➡ P44）

アルブカ（➡ P179）

生育適温は5～20℃。日本では冬に生育する多肉です。春秋は生育がとても緩やかになり、夏は休眠します。冬に生育するといっても、霜が降りるほどの寒さは苦手とし、決して寒さに強い種というわけではありません。

霜で傷むものもあるので、冬の夜は室内に取り込んだり、凍結しないようにしますが、極端な水不足にならないように注意します。天気がよい日の昼間は戸外に出し、日の当たる場所に置いてやりましょう。夏は明るい半日陰で管理し、雨や直射日光を避けます。

栽培のポイント

- 夏は根腐れや蒸れで失敗しやすいので断水するが、種類によっては葉水を与える。
- 冬は低温に注意。

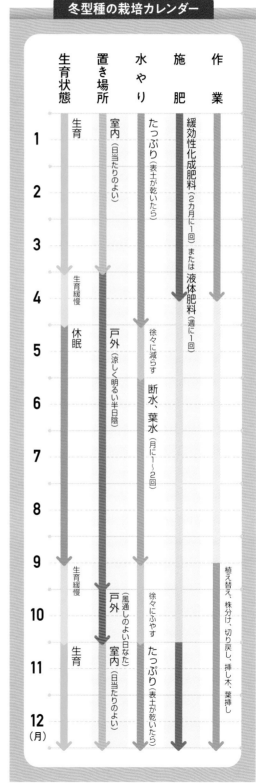

冬型種の栽培カレンダー

(月)	生育状態	置き場所	水やり	施肥	作業
1～3	生育	室内（日当たりのよい）	たっぷり（表土が乾いたら）	緩効性化成肥料（2カ月に1回）または液体肥料（週に1回）	
4	生育緩慢	↓	↓	↓	
5	休眠	戸外（涼しく明るい半日陰）	徐々に減らす		
6～9	↓	↓	断水、葉水（月に1～2回）		植え替え、株分け、切り戻し、挿し木、葉挿し
10	生育緩慢	戸外（風通しのよい日なた）	徐々にふやす		↓
11～12	生育	室内（日当たりのよい）	たっぷり（表土が乾いたら）	↓	↓

基本の育て方❶

苗の選び方

魅力的な多肉植物と長くつきあうためには、まず健康で元気な苗（株）を選ばなければなりません。下葉が落ちたもの、葉色が薄くぼけたものなどは避けます。株をいろいろな角度からチェックしましょう。

苗の状態をチェックするポイント

☑ 病害虫がついていないか

☑ 節間が詰まっているか

節間が長く伸びたものや徒長しているものは避ける。

☑ 下葉の傷みがないか

☑ 名札がついているか

名札で品種名を確認することも大事。植物の名前から生育型などを調べることができるので、名札は捨てずに保管する。

☑ 本来の形と葉色が出ているか

多肉植物は個性的な形をしているため、本来の姿と色を知っておくことがポイントに。図鑑などであらかじめ調べたり、お店の人に相談したりするとよい。

購入した苗を置き場にならす工夫

日光が当たらない売り場の苗を、購入後すぐ直射日光に当てると「葉やけ」を起こす。

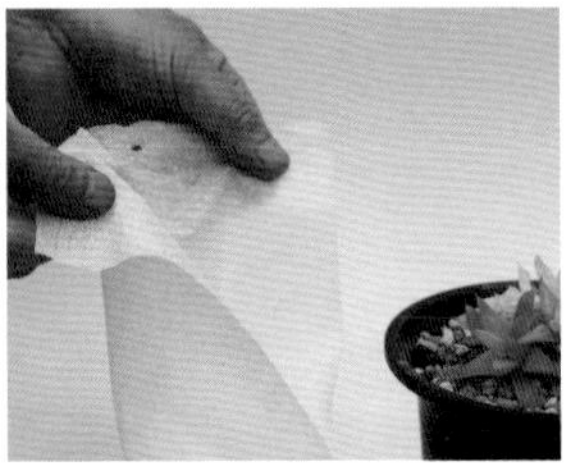

1 2枚重なっている市販のティッシュペーパーをていねいに1枚ずつにはがす。

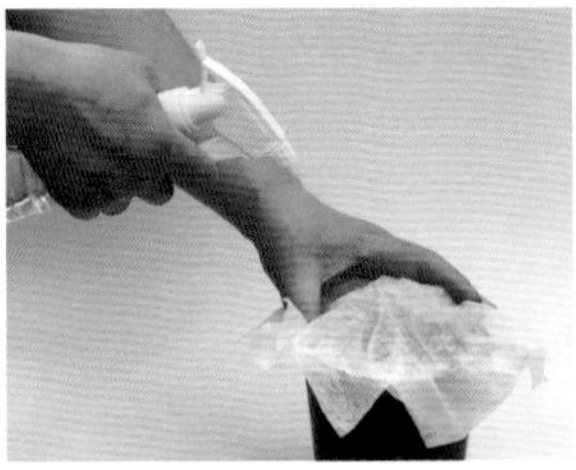

2 はがしたティッシュペーパー3枚を購入した苗の上にかけ、紙が飛ばないように霧吹きで水をかける。

3 2〜3日後に、1枚ずつ取り除きながら7〜10日ほどかけて徐々に日光にならし、新しい環境になじませる。

“初めて多肉植物の栽培を始める時期”

初心者が栽培を始めるタイミングは、夏や冬に比べて、気候が安定する春と秋がおすすめです。さらに、春と秋は多くの種類が店頭に並ぶので、お気に入りの株を選ぶにも適しています。

購入する株の姿が多少乱れていても、仕立て直す（➡ P30）こともできるので、姿や葉色が気に入ったら購入するとよいでしょう。

多肉植物の売り場

基本の育て方❷

栽培用土

多肉植物を栽培するには、多孔質の土が適していますが、それら単体では株が倒れやすいので、少し比重の大きい土と混合して理想的な培養土を準備します。最初は市販の栽培用土を使ってもよいでしょう。

自分で栽培用土を配合する

丈夫で育てやすいイメージがある多肉植物ですが、間違った管理をすると枯れてしまいます。多肉植物は生育期によって乾燥させる時期があるため、草花や庭木・花木用の土より排水性に重点を置いた土づくりをめざします。

栽培用土には、水に溶けた無機塩類などを吸着することや、植物を支えて保持する役割があります。栄養分の吸着率をよくするには、見かけ上の体積あたりの吸着面積が大きいほどよく、多孔質の培養土が最適になります。微細な穴がたくさんあると、穴には空気が入っているので見かけの比重が軽くなります。

具体的には、バーミキュライト、パーライト、ピートモス、ココナッツハスク、ヤシガラ活性炭などがあります。ただ、これら培養土の単一だけでは軽すぎて株の保持が難しくなるので、砂や赤玉土などの少し比重の大きいものを適宜混合すれば、理想的な培養土になるでしょう。

◆水はけのよい配合土

種類によっては水切れを起こしやすいので、こまめな水やりが必要。コーデックスや大鉢植えの根腐れしやすい多肉植物に向く。

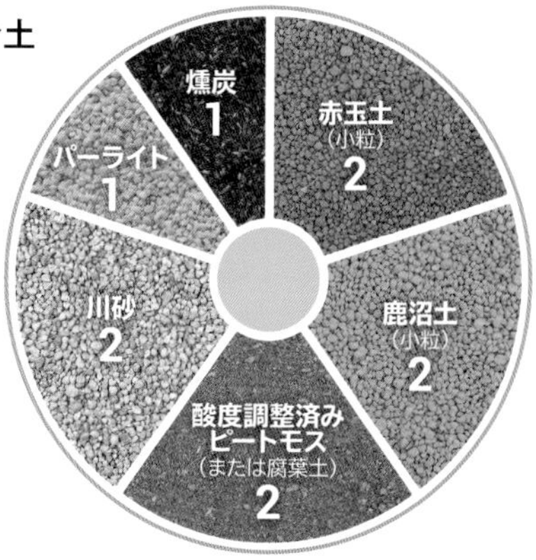

◆水もちのよい配合土

水切れを起こしにくいので、ひんぱんに水やりをしなくてもよいが、休眠期に過湿にすると根腐れするので、やりすぎに注意する。アロエや金のなる木など根が太い多肉植物に向く。

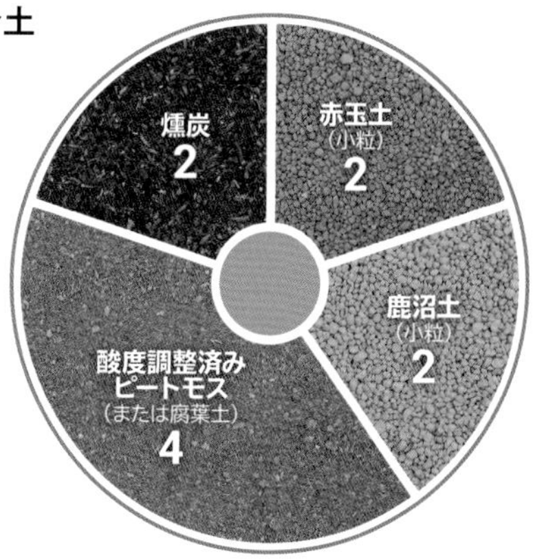

◆基本となる用土

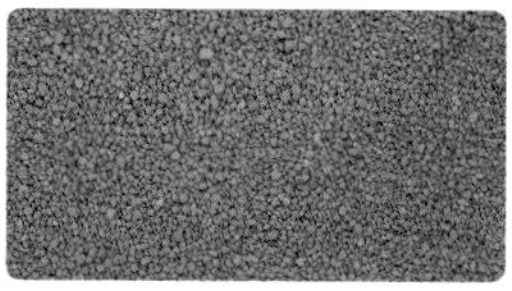

赤玉土（小粒）
火山灰土の赤土を粒の大きさに分けたもので、通気性、排水性、保水性、保湿性に優れている。

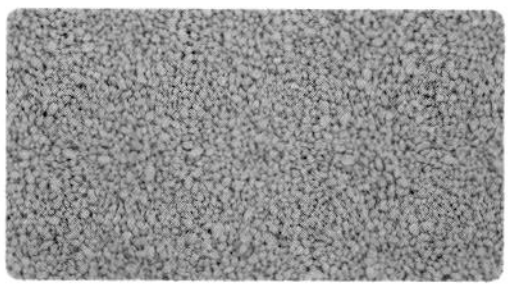

鹿沼土（小粒）
栃木県鹿沼地方の特産品。酸性土で、通気性、保水性に優れている。

川砂（桐生砂など）
花崗岩から生じた砂。桐生砂は火山砂礫で、鉄分を多く含むので赤みを帯びた黄褐色。通水性と保水性に優れている。

軽石
火山性の多孔質の砂礫で水はけがよく、適度な保水性もある。軽量にもかかわらず強度がある。

◆改良材の種類

ピートモス
水苔類などが堆積して泥炭化したもの。酸性で微量要素はほとんど含まない。

パーライト
多孔質でとても軽い人工砂礫。通気性、排水性に優れているが、保水性、保肥性はあまりよくない。

燻炭【くんたん】
もみ殻を炭化させたもので、通気性、保水性に優れている。アルカリ性なので用土に混ぜると酸性に傾くのを防ぐ。

ゼオライト
多孔質の石で、土に混ぜて使うと水の浄化に役立つ。鉢底などに敷いて根腐れ防止に使うこともある。

市販の栽培用土を利用する

多肉植物やサボテン用の培養土が市販されていますが、これらは軽石主体につくられているため水切れしやすいものです。草花の培養土を半分ほど混ぜて使うとよいでしょう。

市販のサボテン・多肉の土

＋

市販の草花用の培養土

（草花用の培養土を1/2混ぜる）

市販のシャコバサボテンの用土

シャコバサボテンは森林性の着生植物で、通気性のよい土を好み、川砂を主体にした通常のサボテンの土で植えると根腐れを起こしがち。そのため軽石などのほかにパーライトやゼオライトなどを配合して、シャコバサボテンも育てられる培養土になっています。

苗の土が粗悪な場合

購入した苗の土が粗悪なときは、（根鉢を崩さないよう注意しながら）植え替えをしましょう。この場合の植え替えとは、鉢を変えることではなく、「土を変える」ことです。

作業は植え替えの適期かどうか確かめてから行います。適期以外の時期に植え替えると、傷んで枯れることもありますから注意が必要です。

また、土が酢酸ビニル樹脂を成分とする木工ボンドで固められている場合は水につけると、固まった土がほぐれます。

基本の育て方❸

肥料

植え替え時に遅効性の有機質肥料を元肥として施すのが基本です。3要素等量の緩効性化成肥料（N-P-K=8-8-8など）か、窒素成分が多めの液体肥料（N-P-K=7-4-4など）のどちらかを施します。

肥料は少なめにして育てる

植え替えのときに施すのが元肥で、堆肥や遅効性の化成肥料を用土に混ぜます。生育旺盛のため元肥だけでは肥料が足りなくなったときに与えるのが追肥です。追肥は即効性が必要ですが、肥料の濃度が高いと肥料負けを起こすので注意が必要です。

◆肥料の種類

緩効性化成肥料

元肥や追肥に便利。化成肥料は、N-P-Kが8-8-8（写真左）くらいのものにして、高度化成は使わない。追肥には速効性の液体肥料も効果的。

固形肥料

水に溶けるように少し土に埋めるようにして施す。

肥料を少なく施すと、秋の紅葉も鮮やかになる。秋遅くまで肥料が効いていると、紅葉する種類はきれいに色づかない。

基本の育て方④
鉢選び

水はけのよい土を使う多肉植物には、プラスチック鉢（プラ鉢）や塗り鉢がおすすめです。プラ鉢は軽いので移動も楽です。

適切な大きさの鉢を選ぶ

鉢の大きさは、株の周囲が2〜3㎝あくくらいの大きさを選びます。大きさが同じなら、鉢底の穴が大きいほうが育てやすいです。また、根が太く長いものには、深鉢のほうが根がよく伸びて、生長しやすくなります。

鉢底に穴がない器は水はけが悪いのでおすすめできませんが、使用するときは根腐れ防止にゼオライトやミリオンを鉢底が隠れる程度に敷き詰め、その上に用土を入れて植えます。

◆ 鉢の種類

プラスチック鉢
通気性が少ない分、水やりの回数が減らせるうえに、軽くて持ち運びしやすい。

塗り鉢
鉢の壁面に釉薬がかかっているため、排水性や通気性はなく水やりの回数は減らせる。見た目が美しいので観賞にも向く。

素焼き鉢
根腐れを心配する初心者に向くが、乾燥しやすいのでこまめに鉢土をチェックして水やりに努める。

◆ 適切な鉢の大きさと形

基本の育て方⑤
置き場所

植物を育てるには日当たりのよいところが理想的な置き場所となります。

置き場所に日の光を補う工夫

ベランダや出窓は、住宅街では近所の建物の陰になって日が差す時間は十分ではありません。そんな場合は、反射光を使うことです。植物の北側や鉢の下にアルミ箔のような反射板を置く。この工夫だけでもかなり明るくなりますが、できれば1〜2万ルックス、4時間以上ほしいところです。

足りない分は人工光線（LEDや蛍光灯）で補ってやりましょう。

1日のうち4時間以上日が当たる場所で育てよう。おすすめは、雨の当たらない軒下やベランダで、鉢は棚などの上に置き、地面に直接置かないこと。

室内では蛍光灯などで光線を補う。

基本の育て方❻

水の与え方

水やりは生育型に合わせます。生育期は用土が乾いたらたっぷりと、休眠期や生育が緩慢な時期は水やりは控えます。多肉植物は、乾燥に強く、水をやりすぎると腐ってしまうなどといわれますが、本当にそうでしょうか。

枯らさない水やりの注意点

基本的には植物ですから、用土が乾いたら枯れてしまいます。用土にはある程度の湿り気、水分が必要で、水を切らせてはいけません。ただし、メセンやコーデックス類は休眠期に水をやると腐ってしまうので、これは注意が必要です。

水を吸わない休眠期に水をやって根腐れさせてしまうことが、水やりで失敗するパターンです。水は生育型に合わせて与えること。生育期は鉢土の表面が乾いたらたっぷりと、休眠期は控えて葉水をするというように、メリハリをつけて与えます。

◆生育期の水やり

生育期はたっぷり水をやる。ハス口をつけたジョウロで全体にまんべんなくかけ、鉢底穴から水が出るまで与える。

◆休眠期の水やり

休眠期は断水するが、葉に張りがなくなってきたらさっと葉水をして、表土をしめらせる。種類によっては霧吹きで月に2回ほど軽く葉水を与える。

鉢受け皿に不織布を敷き、水を切らさない工夫をする。

砂礫に鉢を埋めて自生地の環境をつくって育てる。砂礫に鉢を埋めると、鉢底の根が乾くことなく生き生きとしてとてもよく育つ。

“水を切らさない知恵と工夫”

植物は水がなければ生きられません。特に地中から水分を得られない鉢植えの水管理は重大です。鉢を一度乾かしてしまうと、新しい根っこは枯れてしまい、その枯れた根に水をやるから、根腐れをおこしてしまいます。つまり、根っこは乾かしてはいけないのです。しかし、マンションのベランダ園芸家に、鉢を地面に置くことを強要するのは無理ですね。

そんなときは、大きな皿かお盆のような入れ物を用意して、そこに土を入れて湿らせておき、その上に多肉の鉢を置きます。そのときお皿の土は決して乾かさないように常に水で湿らせておき、鉢の上からは水をやらないこと、つまり底面給水のかたちをとればよいわけです。

マンションに泥の入った皿やお盆を置けないという方は、土の代わりにスポンジか不織布のような吸水性の敷物を使えば、デザイン的にも見栄えがします。

基本の育て方⑦

夏越しと冬越し

多肉植物を育てるうえで、夏場と冬場の生育管理である「夏越し」と「冬越し」はとても大切な栽培ポイントです。

夏越しのポイント

夜温も下がりにくい、高温多湿の日本の夏は春秋型、冬型の植物にとって、とりわけ過ごしにくい時期です。天気の様子を見ながら状況に合わせて水やりをします。

夏型のコーデックスは、真夏の直射日光に長時間さらさないように遮光しましょう。

春秋型・冬型種を夏越しするための置き場

雨や強い直射日光が当たらない、乾燥した半日陰に置く。特にアエオニウムなどの暑さを苦手とする種類は要注意。

冬越しのポイント

寒さを嫌う夏型、春秋型は冬の間は室内の窓辺で管理し、窓越しの日光をたっぷり当てます。

冬型は決して寒さに強いわけではありません。霜が降りるほどの寒さには弱いので、室内の暖かい場所に置きます。ただ、暖かいところに置いたままにすると、暖かくなったとカン違いして休眠の準備をするので、天気がよい昼間は戸外に出して冷たい空気に当てるようにします。ただし、夕方には室内に取り込むのを忘れないことが重要です。

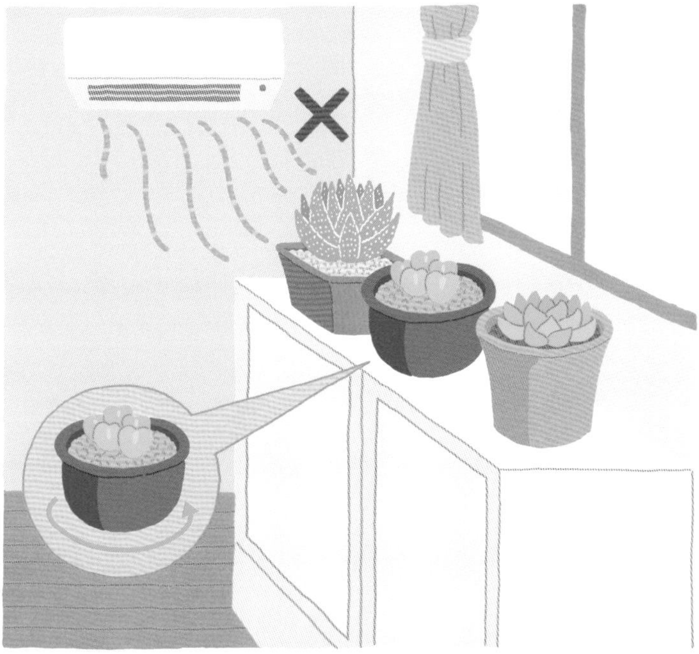

夏型・春秋型・冬型種の冬越しするための置場

室内の日当たりのよい場所に置くが、暖房器具の温風に当てないように注意する。なお、1週間に1度、180度鉢を回して株にまんべんなく光を当てると美しい草姿が保てる。

基本の育て方❽

病害虫対策

病害虫対策で何よりも大切なのが防除です。常日頃からよく観察して、見つけしだい処理します。早期発見がポイントです。

病害虫の防除法

虫や病気の被害がなくても、月に１回とか期間を決めて殺虫剤や殺菌剤を散布するなどしてやれば、特に多肉植物につきやすいカイガラムシなどを見ないですみます。

また、植え替えのとき、用土にオルトランDXなどの殺虫剤を混ぜておくと、アブラムシやカイガラムシ、ヨトウムシなどの害虫を防除できます。害虫を防除できればウイルス病などの病気も予防できます。

アブラムシやハダニにはスプレー剤で防除する。冷害の心配がなく、狙ったポイントの近くから散布できるので便利。

病気の治療と処理

虫害や病気になってしまった場合、多肉植物は身体の一部分からでも容易に同じクローンをつくることができるので、健全な部分のみを切り取り、それを挿し木や培養するなりして新しい個体をつくることが可能です。

逆に病巣部を切り取って健全な部分を残すこともできます。コーデックスの芋の部分腐敗の場合などは、この方法で再生させます。

◆病害虫のいろいろ

カイガラムシ

葉や茎、花茎などについて吸汁する。風通しが悪いと発生しやすい。歯ブラシなどで除去したり、浸透移行性の殺虫剤（※）で駆除する。

※薬剤を根や葉から吸収させ、その植物を食害した害虫を退治する。

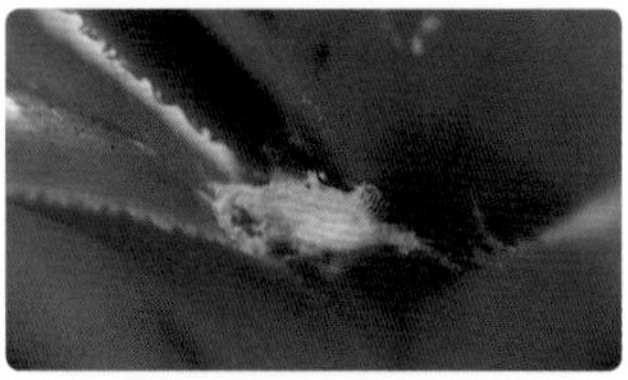

ワタカイガラムシ

葉の間につく小さな虫だが、綿に覆われて白くなっているので見つけるのは容易。見つけしだい取り除いたり、浸透移行性の殺虫剤で駆除する。

ベンケイソウスガ

ガの幼虫が新芽やつぼみを食害する。葉にクモの巣状のものが見られたら要注意。幼虫は補殺し、浸透移行性の殺虫剤を蕾の出る前から散布する。

カタツムリ・ナメクジ

蕾、花、新芽などが食害される。見つけしだい（ナメクジは夜間の活動中に）補殺すると同時に、殺ナメクジ剤を併用する。

カビ・軟腐病

梅雨時にカビがついたり、葉が腐って異臭を放つ軟腐病が発生する。被害が小さいうちは、腐った部分を取り除いて殺菌剤で消毒し、新しい用土で植え替えるが、被害が広がっていたら用土ごと廃棄する。

根腐れ

根腐れを起こした株を放置すると、子株も枯れてしまう。枯れていない子株を切り離して新しい用土で植える（➡P25）。

◆薬剤の撒き方

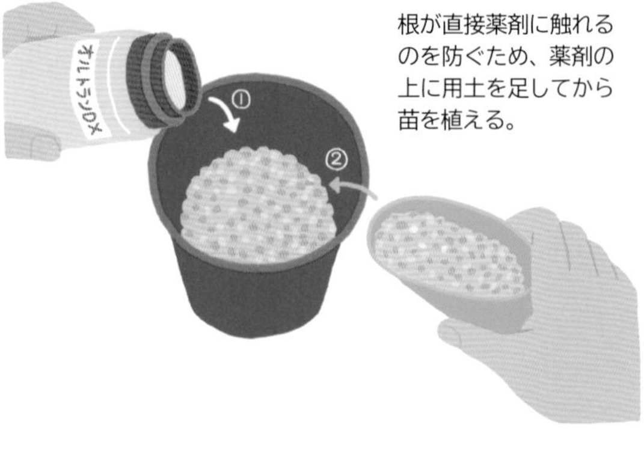

根が直接薬剤に触れるのを防ぐため、薬剤の上に用土を足してから苗を植える。

2
多肉植物のふやし方

多肉植物は繁殖力が旺盛で、簡単にふやせるのも魅力です。大きく育ってきたらふやして楽しみましょう。ふやすと同時に乱れた株も整えられます。

失敗しない多肉植物のふやし方

繁殖には、植物から採ったタネでふやす種子繁殖（有性繁殖）と、挿し木や株分けなどでふやす栄養繁殖（無性繁殖、クローン繁殖ともいいます）があります。大量にふやすのでなければ栄養繁殖がよいでしょう。**挿し木**、**葉挿し**、**株分け**の３つの方法があり、失敗が少なく、簡単にふやせるうえに、乱れた株姿を整えることもできます。時期はそれぞれの種類の生長期が適しています。

多肉植物のふやし方❶

挿し木（枝挿し）

木立ちするタイプの植物に向き、葉挿しより生育が早いのが長所です。親株から切り取った枝を挿し木してふやす方法で、枝がないときは、主軸を好きなところで切って挿します。残された主軸の下部からは枝がたくさん出てくるので、次の繁殖の挿し穂として使えます。

枝の切断面の小さいものはそのまま挿しますが、切断面の大きいものは断面が乾くまで４～5日ほど干してから挿します。断面に発根剤や殺菌剤等を使用するとよいでしょう。

▲挿し穂の茎や芽先が曲がらないように、プラ鉢などに入れて立てて乾燥させるとよい。

挿し木ができる主な種類

カランコエ「月兎耳」

クラッスラ

グラプトペタルム

セダム「乙女心」

金のなる木

挿し木のポイント

- 挿し穂は若い生育旺盛な充実した部分で、病虫害のないものを選ぶ。
- 挿し穂の切り口は半日陰で完全に乾燥※させる。
  ※ただし、アエオニウムとセネシオは初秋からの適期に根が出やすいので、切ってすぐに挿す。また、気温の高いときが適期のユーフォルビア属は、切り口から出る白い液を水で洗い流してすぐに植える。
- 切れ味のよい刃物を使い、切り口から病原菌が入らないよう刃物は消毒してから使う。また、切り口に発根剤や乾燥剤、殺菌剤等を使用するとよい。
- 下葉がついている枝は下葉を外す（取り除いた葉は葉挿しに使えるものもある）。
- 新しい用土を使う。
- 挿し木をした直後は水を与えず、４日～１週間程度は断水する。
- 挿し木後は直射日光の当たらない明るい場所で管理する。

◆胴切り挿し木（胴切り挿し芽）

エケベリア「ブラックプリンス」

主軸を切って強制的に子株を出させる繁殖法です。切り取った上の部分を挿し穂として使用します。子吹き（親株から子株を生じさせること）しにくい種類に用いる繁殖法です。

1 枝がない親株は、主軸の好きなところ（上部が利用できる部分）にテグスをかけ、テグスを引いて切り取る。

2 残った株は切り口が乾燥するまでは水をかけないようにして、そのまま育てていると、幹部から枝がたくさん出てくるので、次の繁殖用に使える。

3 切った上の部分は断面が乾くまで4～5日乾燥させ、新しい用土を入れた鉢に挿す。

◆枝挿し（下葉が落ちた株の場合）

ペペロミア「ハッピービーンズ」

生長して下葉が落ちた株や乱れた株を切り戻してコンパクトな姿にするときなどに適し、切り取った枝を利用してふやすこともできます。

1 挿し穂にするため、伸びた枝の先端の茎を1㎝程度つけて切り取る。

2 切り取った挿し穂は、風通しのよい場所で切り口をよく乾かす。

3 1～2週間で発根の兆しが見えたら、根を傷めないように鉢に植える。用土は多肉植物培養土などを用い、水やりは5日～1週間後に始める。鉢に挿し穂を1本、あるいは数本ずつ植えてもよい。

◆枝挿し（鉢いっぱいになった株の場合）

ユーフォルビア「姫キリン」

鉢いっぱいに生育して、新しい株の生育する余地がなくなった株に用い、挿し木は気温の高いときに行います。

1 挿し穂を取るため、伸びた枝を枝分かれした部分から切り取る。枝を残すと陰になるため、分枝した枝は残さず元から切り取る。

2 切り口から出る白い液は発根を阻害する性質があるので、切った直後、30分ほど水につけて洗い流す。

3 乳液を洗い流した挿し穂は、乾燥させずにすぐ用土に挿す。用土は多肉植物培養土などを用い、水やりは5日～1週間後に始める。

多肉植物のふやし方❷

株分け

生長につれて小さな子株ができる種類は、株分けをしてふやせます。鉢が株いっぱいになったら株分けをしましょう。群生するものやランナーを伸ばすものなど、性質に応じて行います。１株、あるいは数株ごとに分けますが、セダムのようにカーペット状になるものは、数株ずつ分けるとよいでしょう。

▲子株もある程度生長しているので、失敗は少ないが、株に傷を傷つけないよう、作業はていねいに行うのが大事。

株分けができる主な種類
（子株ができるタイプ）

ハオルチア
達磨オブツーサ

コノフィツム
「オペラローズ」

リトープス
「福来玉」

センペルビウム
「巻絹」

エケベリア
「ミニベル」綴化

株分けのポイント

- ひとつの株を２つ以上に分割してふやす方法なので、メセン類のリトープス属やコノフィツム属などの茎のないものは、カッターナイフなどで茎を縦に割るように切り分ける。
- 大きく切り分けたものは、風通しのよい半日陰に置いて切り口を乾かしてから植える。
- 根がついている子株は、新しい用土にすぐに植え付けられる。
- 春秋型種は３～５月、９月下旬～10月上旬、夏型種は４～８月、冬型種は９月中旬～翌年３月が適期。

群生するタイプ❶

ハオルチアの場合

ハオルチアは親株の周りに子株がふえて大株に育つが、芽が１つ（単頭）の状態が美しいといわれる。定期的に株分けをして美しい姿を保つとよい。

1 鉢から株を抜いて土を落とし、ランナーでつながっている部分を引き離して分ける。

2 葉と根がついている状態で５つに分かれた。

3 新しい用土で植える。

4 根が出たがる時期に作業を行ったので、植え付け後すぐに水をやる。

群生するタイプ②

リトープスの場合

リトープスは割れ目から新芽が出て、脱皮しながら育っていく。無理に分けようとせずに中央の軸部分が分かれるころを見はからって秋に行う。

1 鉢から抜いて土を落とす。

2 中央の軸部分を半分になるようにカッターで2つに切り分ける。このとき、根元にある生長点を切らないように注意する。

3 株がぐらつかないよう気をつけながら、鉢の中央に株がくるようにして新しい用土で植える。

4 胴切りなどで傷口が大きい場合は、1週間後に水やりするが、写真の程度ならすぐに水やりをする。

群生するタイプ③

エケベリアの場合

親株の周りに子株がふえて、鉢いっぱいに群生しているエケベリア（セクンダハイブリッド）。

1 鉢からていねいに株を抜き取り、根鉢をほぐして土を落として、根をつけて株を分ける。

2 左の親株を含めて7個に分かれた。このあと古い根や枯れ葉を整理して、新しい用土で1株ずつ植え、4～7日後に水やりする。

ランナーを伸ばすタイプ

センペルビウムの場合

親株からランナーを出して子株をつけたセンペルビウム。

1 ハサミでランナーを切って子株を分けるが、小さな子株は残す。

2 新しい用土に植え付ける。子株のサイズに合わせて数株一緒に植えてもよい。水は4～5日後から与える。

多肉植物のふやし方❸

葉挿し

葉の小さな多肉植物は葉挿しで簡単にふやせます。葉がポロっと取れやすい種類が向きます。生長するまでに少し時間がかかります。葉挿しに使う葉は、株の下のほうの傷みのない充実したものを選びますが、葉の付け根がないと発根しないので、途中で折れないようにていねいに扱いましょう。

▲セダムやエケベリアは、葉を外して用土の上に置くと発根して苗がつくれる。一度に多くの苗が得られるのでアレンジ等にも利用できる。

葉挿しができる主な種類

ガステリア「聖牛殿錦」

アドロミスクス「神想曲」

パキフィツム「月美人」

グラプトペタラム「イエローベラ」

葉挿しのポイント

- 葉挿しに使う葉は、傷みや病害虫に侵されていない充実した新鮮なものを使う。とくに花軸についた葉がよく、変色している葉は避ける。
- ベンケイソウ科やハオルチア属などではよく用いられる繁殖の方法だが、アガベ属やアロエ属など葉挿しができない種類もある。
- 葉は茎についている部分からそっと外すが、葉が途中で千切れると発芽も発根もしないので、ていねいに扱う。
- 培養土や川砂などを入れた挿し床に、土に触れる程度に並べて置く。深植えは禁物。
- 葉挿し後は半日陰の涼しいところに置き、発根するまでは水を与えない。
- 新しい用土を使う。

◆葉挿し用の葉を取る方法

胴切りをした芽先の下葉や、切り残した下の株からも多数の葉を得ることができる。なお、葉の付け根がないと発根しないので注意が必要。テグスを使うと葉の付け根が千切れることがないので、失敗がない。

エケベリア「ブラックプリンス」

胴切りした（➡P23）「ブラックプリンス」の上部。

1 葉にテグスをかけ、手前に引いて１枚ずつ葉を取る。

2 テグスを使うと確実に茎の一部をつけて取ることができる。

3 胴切りした下の株からも葉を取る。葉を持って茎のほうへ引っ張る。

4 胴切りした上部と下部から取れた、たくさんの挿し穂。

5 新しい培養土を入れた刺し床の上に葉を並べるか、軽く埋まる程度に挿す。半日陰の涼しい場所に置き、水は３～４日後に与える。発根したら根の部分だけ土をかけておく。

“実生”の楽しみ

多肉植物を実生からふやし育てることも可能です。自分で採取したタネから育てると、愛着もひとしお感じることでしょう。親の素性もわかっているので安心です。

確実にタネをとりたいときは、多肉植物が開花したら受粉させて交配してやります。タイミングは花粉がよく出ているときですが、時間帯がそれぞれ違うので何時というより、花をよく観察することが大事です。同じ花の花粉をその雌しべにつけてやる自家（花）受粉でも種子はできますが、出来れば同種の他の株の花粉を使ったほうが充実した種子がとれます。

２つの株が同時に開花する機会は少ないと思われますが、種類によって開花期がやや決まっているので、最低２株あれば同時に開花する機会は少なくありません。そして２株ならお互いの花粉が使えるので、両方の株から種子がとれることになります。２株が異種であれば、新しい交配種になり、自分だけの新品種を得ることができます。

受粉後、果実が十分熟したら種子をとりまきします。ラップフィルムでふたをして、発芽が揃うまでの１週間程度は腰水にして乾燥させないように管理します。発芽後はラップをはずし、腰水を止めます。発芽して本葉が３～４対展開したら数株ずつまとめてポットに植えますが、発芽までに１年もかかることがあるので気長に待ちましょう。

タネまきのポイント

- タネは採取したららすぐにまくのが基本。
- すぐにまかないときは冷蔵庫で保存する。
- 覆土はしない
- 発芽までは乾燥させないように管理する。

密閉容器を利用する

市販されている種子もあります。密閉容器はぴっちりとふたができるので湿度が保て、上手に発芽させられます。密閉容器に用土（ピートモスやバーミュキュライト）を入れ、十分湿らせてからタネをまき、ふたをする。日当たりのよい、25℃を超えない場所に置いて、発芽を待つ。

交配とタネのとり方

1 筆などを使って、ほかの株の花粉を雌しべにつける。

2 母親と父親の名前、受粉日を書いたラベルを交配した花につける。

3 結実したら、弾けてタネが飛ぶ前に花柄を切り取る。

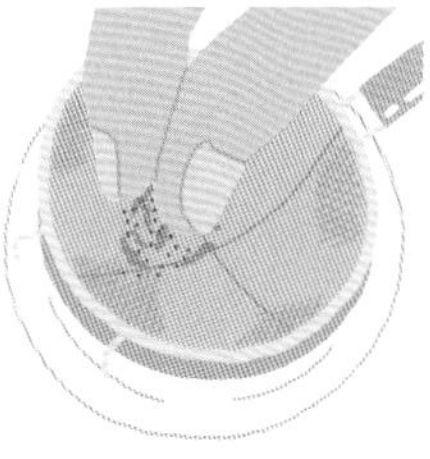

4 目の細かい茶こしを使い、タネと花がらを分ける。

タネのまき方

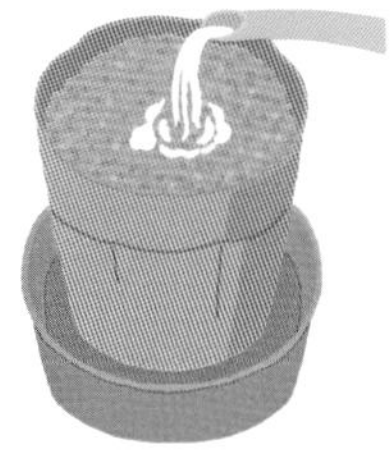

1 ３号ポットに清潔な多肉植物用の用土を入れ、湿らせておく。

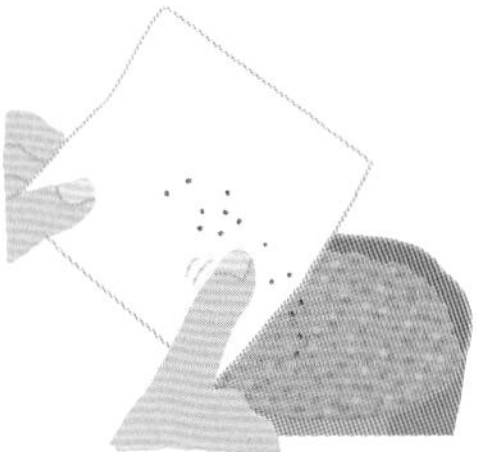

2 一つまみ程度のタネを均一に播き、覆土はしない。

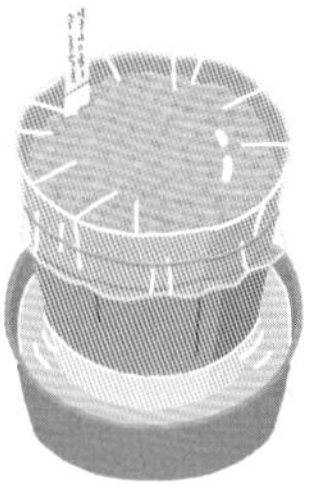

3 ラベルをつけ、ラップフィルムをかけて、腰水をする。

4 発芽後、しっかりした苗を数株ずつポットに植え替える。

良好な生育管理❶

植え替え

生育が緩慢といわれている多肉植物でも、植え替えは必要です。鉢より株が大きくなったり、鉢中に根が回って新しい根を伸ばす余地がなく、用土に水がしみ込みにくくなったりしたら、植え替えが必要です。また、植え替えないと、根からの分泌物やその植物に着きやすい病害虫などで、生長を阻害するような土になり、いわゆる厭地現象を起こします。こうしたことが起こらないうちに、植え替えて新しい培養土と交換します。

植え替えは最低でも年1回は行いたいもの。生長の早いものは年2回やれば、なおよい結果が得られるでしょう。

植え替えが必要な株

▲鉢に対して大きくなりすぎている株。

▲肥料や水を与えても、本来の早さで生長しない株。

▲徒長して生育不良の株。

▲根詰まりして水が行き渡らず、葉先が枯れている株。

植え替えのポイント

- 周りから用土を入れるとき、葉の表面が粉で覆われているエケベリア・ラウイなどは、葉に触れないように注意して粉が落ちないようにする。
- 刺が鋭いアガベもケガをしないように注意がいる。
- 植え替えた株は、今まで育てていた場所で管理する。環境を変えないことが何より大事。
- 新しい根が出かかるころに植え替えると、後々の生育がよい。

◆植え替え（単幹タイプの場合）

エケベリア「花うらら」×リンゼアナ

植え替えの適期になった単幹タイプの株。株が大きくなり、用土も劣化しているので植え替えをする。

1 鉢から株を抜き、土を落とし古葉、古根を手でしごいて取る。

2 隙間ができないように用土をしっかり押し込む。鉢の大きさは株がきっちり入る大きさでよい。

3 水を与えて植え替え完了。

◆植え替え（群生するタイプの場合）

エケベリア「ミニベル」

群生させて大株で楽しみたいがこれ以上大きくしたくないときは、植え替える鉢を今まで育てていた鉢と同程度の大きさにし、伸びすぎた枝の整枝もしましょう。根鉢は外側と下部を崩す程度にして新しい用土で植え直します。

1 茎が伸びすぎているときは切り戻す。

2 切り戻した茎の先端は挿し穂として利用できる。

3 鉢から株を抜き、根鉢を少し崩し傷んだ根を取り除き、新しい根は活かす。

4 新しい用土を入れた鉢に植え付ける。隙間ができないように、用土をしっかり押し込む。

5 植え替え後は水をやる。切り戻した茎からも子吹きする。手前は切り戻した苗を挿し木したもの。

◆植え替え（根詰まりした株の場合）

ガストロリア（ガステリア×アロエ）

長い間植え替えを怠ると根詰まりを起こし、水が行き渡らず生育が悪くなります。放置すると親株だけでなく、子株も生育不良になりいずれ枯れます。上から見て葉がシワシワになり、葉色も悪いようなら根詰まりの可能性大。植え替えが必要です。

1 鉢から抜いて根の様子を見る。古根を取り除くが、新根は活かす。

2 新しい用土を隙間ができないように押し込む。

3 新根が出ている株なので、植え替え後に水をやる。新根が出ていない場合は、水やりを控えて発根を待つ。発根してから徐々に水やりを始め、日光にも徐々にならしていく。

良好な生育管理❷
仕立て直し

植え替えの際は、株姿もよく見て乱れていたら仕立て直して、見栄えよく整えます。切り戻して大きくも、小さくも、好みの姿に仕立てられますから、姿が乱れた株は植え替えと同時に切り戻して形を整えましょう。大きく育てたいときは、傷んだり枯れたりした茎葉を切り取り、一回り大きな鉢に植え替えます。コンパクトにしたいときは、茎の先を挿し木（➡P22〜23）します。

気に入って購入した株の状態が悪いときも、仕立て直して美しい姿に変身させることも可能です。ヒョロヒョロと徒長した状態では病害虫に対する抵抗力も弱くなります。徒長の原因は光不足です。仕立て直して十分に日光に当て、しっかりした株に育てましょう。

アエオニウム「黒法師」

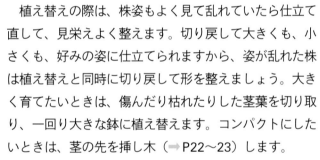

好みの位置で切り戻す。先端は葉を3〜4枚残して切り、挿し穂として利用する。残した茎からはわき芽が吹くので、それを待つ。

◀先端を挿し穂として利用した株の先に、新たに子株が発生した株。

◀残した茎からわき芽が吹いた株。

—3—

多肉植物の楽しみ方

多肉植物はサイズやフォルム、色のバリエーションなどが豊富。特性を生かして寄せ植えにすると、独特の多肉ワールドが楽しめます。

一鉢の中で時間がたって少しずつ育っていく姿を観賞するには、生育サイクルや育て方が似ているもの同士を選ぶのがポイントです。生育型に関係なく組み合わせたいときは、耐寒性のある種類を組み合わせるとよいでしょう。

写真の寄せ植えアレンジはエケベリア（春秋型）を主役に、セダム、センペルビウム、グラプトベリアなど生育型が同じ春秋型の多肉を配した管理しやすい寄せ植えです。

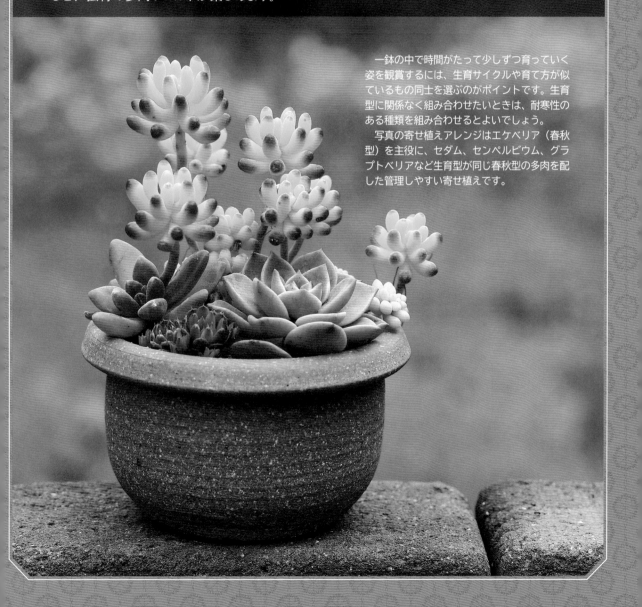

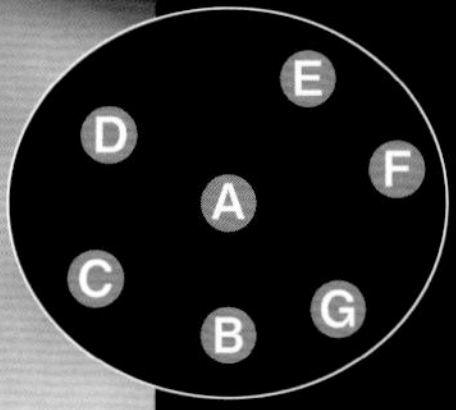

A エケベリア「ホワイトゴースト」
B グラプトペタラム（タキタスベルス）
C クラッスラ「火祭り」
D カランコエ「胡蝶の舞」
E エケベリア「ドミンゴ」
F エケベリア「フランクレイネルト」
G タイトゴメ

◀灰青色のシックな色づかいのエケベリア「ホワイトゴースト」を中心にアレンジした大鉢。彩りを添えるのは、クラッスラ「火祭り」の葉色とグラプトペタラム（タキタスベルス）の赤い星形の花。タイトゴメの濃い緑と、「胡蝶の舞」の明るい緑が全体を引き締めて、見飽きません。エケベリアはロゼット状に開く葉の中心から花茎を伸ばして小さな花を開きます。

多肉植物の造形的なフォルムを大鉢で楽しむ

作品制作　古賀有子

微妙なグラデーションの色合いなど、多彩な葉色と独特のフォルムをもつ多肉植物。見た目の軟らかさ、硬さのテクスチュアにもこだわって大鉢に寄せ植えしてみましょう。

戸外の風通しと日当たりのよい場所で育てますが、長雨は避けます。冬は日当たりのよい室内に移します。ゆっくり生長する多肉植物ですが、茎が長く伸びてバランスが悪くなったら、切り戻したり、新しい用土で植え替えたりなど、4〜5カ月ごとに手入れをすると長く楽しめます。

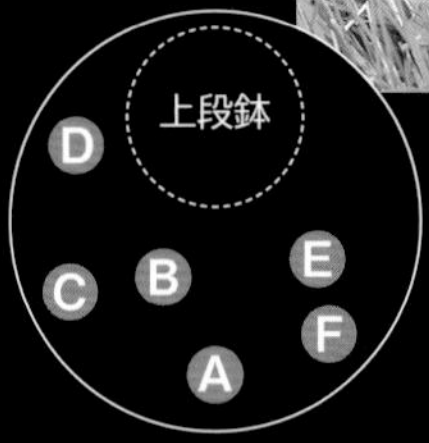

上段鉢

▲2つの容器を重ねて高低差を際立たせた寄せ植え。下垂するオトンナ「紫月」をどちらの容器にも入れて、統一感を出しています。

A エケベリア「ムーンリバー」
B レデボウリア「豹紋」
C エケベリア「花筏」
D オトンナ「紫月」
E タドレア「ハッセイ」
F デロスペルマ「夕波」
G アガベ「ジェミフローラ」

A アガベ「ベネズエラ」
B エケベリア「ザラゴーサ」
C カランコエ「ベハレンシス・ファング」
D ヒロテレフィウム（ヒダカミセバヤ）
E アロエ「フラミンゴ」
F ベルゲランサス「照波」
G サンセベリア「パテンス」

▶思わず触れてみたくなる軟らかさ、あるいは豪壮な硬いイメージをもつ多肉植物もあります。葉色や形など、多彩な品種を組み合わせる寄せ植えはつくりがいがあります。シャープなイメージのアガベ「ベネズエラ」とアロエ「フラミンゴ」を中心に、もこもこした褐色の毛に覆われたカランコエ、エケベリア、サンセベリアの競演。瓦をイメージした和風の容器の縁を飾るのはヒロテレフィウム（ヒダカミセバヤ）です。

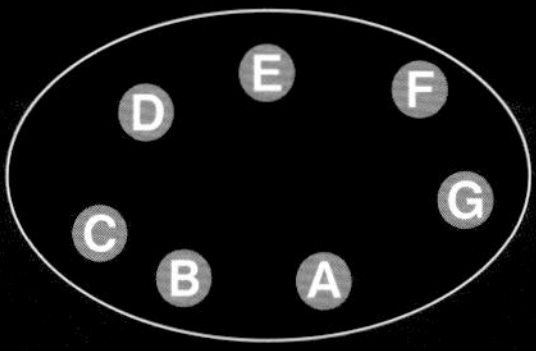

A パキフィツム「東美人」
B セネシオ「グリーンネックレス」
C コチレドン「ペンデンス」
D クラッスラ「紅稚児」
E ポーチュラカリア「雅楽の舞」
F エケベリア「七福神」
G アロエ「フラミンゴ」

◀多彩な形状の多肉植物は、寄せ植えにするとお互いが引き立てあって不思議な景色をつくります。秋の紅葉が美しいことでも知られる木立ち性のクラッスラ「紅稚児」とアロエ「フラミンゴ」が、パキフィツム「東美人」のユーモラスな姿を引き立てます。後方のポーチュラカリア「雅楽の舞」は横にも縦にも不定形に育ちます。容器はマットな手づくり鉢を用いました。

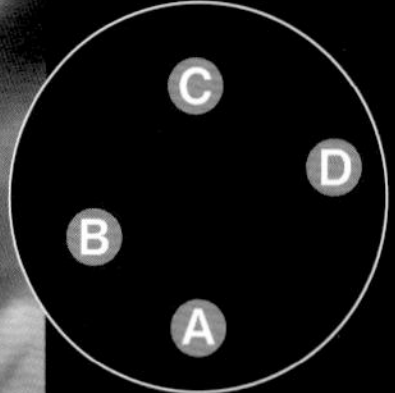

Ⓐ エケベリア「カンティリー」
Ⓑ アエオニウム「黒法師」
Ⓒ エケベリア・セクンダ 交配種
Ⓓ ユーフォルビア・ゲロルディー「刺なし花麒麟」

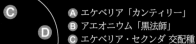

◀多肉植物には、鮮やかな花を咲かせるものもあります。黒紫色の葉色をもつアエオニウム「黒法師」に合わせて、ユーフォルビア「刺なし花麒麟」を草花感覚で配し、シックな葉色と赤い花、お互いを引き立てあう大鉢の寄せ植えです。株元を引き締めるのはエケベリア「カンティリー」、上方へ花茎を伸ばしているのはエケベリア・セクンダの交配種です。

▲異なる葉色を使った華やかな寄せ植えです。縦に伸びるものが多い多肉植物ですが、マット状に広がる性質のセダムは、ボリューム感を出すにはとても便利。育てやすく丈夫で、比較的安価で手に入るのもうれしい素材。深鉢にセダムを多用して詰め込み気味にすると、見栄えがします。花の美しい種類のセダム「薄化粧」を使ったので、開花の季節には雰囲気が一変しました。

Ⓐ ハオルチア「ゼブラ」
Ⓑ エケベリア「トップシータービー」
Ⓒ セダム
Ⓓ エケベリア「ハムシー」
Ⓔ セダム「薄化粧」
Ⓕ セダム（覆輪マルバマンネングサ）

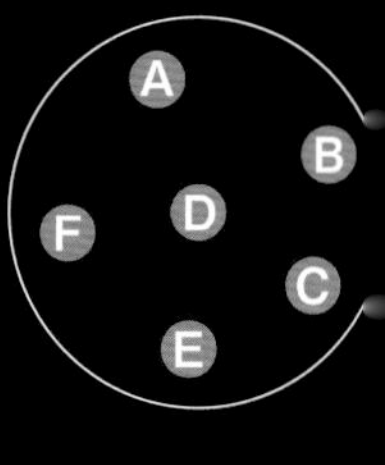

◀スタンドと一体化した容器をコンポートに見立て、美味しそうなフルーツが盛られているイメージで、色とりどりの多肉植物を寄せ植えしました。高さがある大鉢なので垂れ下がるセネシオ「グリーンネックレス」が効果的です。生育の遅い多肉植物ですが、時間がたてばボリューム感がまし、さらに容器からあふれるように飛び出してくるでしょう。

Ⓐ エケベリア・ハイブリッド
Ⓑ ポーチュラカリア「雅楽の舞」
Ⓒ セネシオ「グリーンネックレス」
Ⓓ アナカンプセロス「桜吹雪」
Ⓔ グラプトペタラム「朧月」

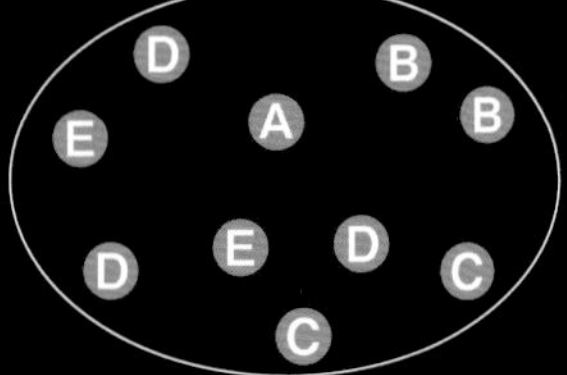

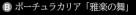

▲フォルムや高さの異なる多肉植物をコンパクトにまとめた大鉢の寄せ植えです。セダムは単体でアレンジしても楽しめるほど、個性的な色合いをもつ種類がたくさんあります。ここでは黒い葉で知られるアエオニウム「黒法師」の株元をセダムの「虹の玉」が明るく彩っています。いずれも葉の色は日照が決め手。セダムやクラッスラは夏によく日に当てると、秋に紅葉してさらに赤みが冴え、艶々と輝きます。

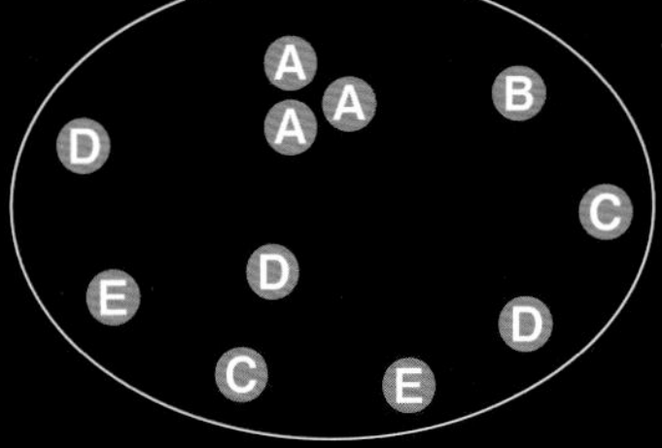

- Ⓐ アエオニウム「黒法師」
- Ⓑ クラッスラ「火祭り」
- Ⓒ グラプトペタルム「朧月」
- Ⓓ グラプトペタルム「ブロンズ姫」
- Ⓔ セダム「虹の玉」

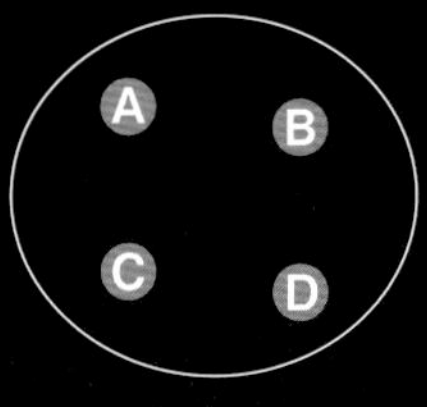

- Ⓐ コチレドン「白眉」
- Ⓑ グラプトベリア「初恋」
- Ⓒ オロスタキス「岩蓮華」
- Ⓓ オロスタキス「子持ち蓮華」

▶白粉を帯びたシルバーの大きな葉に赤い縁取りが入るコチレドン「白眉」をメインに小さくても存在感たっぷりの寄せ植えです。多肉植物はブリキのバケツととても相性がよく、カジュアルな感覚でフォルムがいかされ、スモールスペースでも楽しめるのでおすすめです。

作品制作　金沢啓子

寄せ植えアレンジ❶

空き缶にアレンジ

空き缶なら簡単に水抜き穴があけられるので、器に利用するにはもってこい。初めて寄せ植えに挑戦するときにもおすすめの容器です。ペンキを塗ったり、雑誌やカタログなどから好みの絵柄を切り取って貼るなど、ひと手間かけると単なる空き缶もおしゃれな器に変身します。

用意する多肉植物

Ⓐ セダム「虹の玉」
Ⓑ セデベリア「樹氷」
Ⓒ クラッスラ「クーペリー」
Ⓓ クラッスラ「若緑」
Ⓔ パキフィツム「月花美人」
Ⓕ セダム「黄麗」
Ⓖ アエオニウム（夕映え」

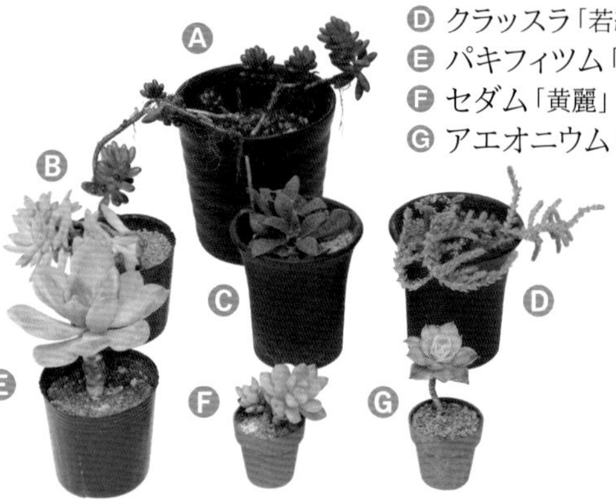

用意する用土、道具、小物

❶ 赤玉土小粒
❷ 赤玉土極小粒
❸ 鹿沼土
❹ 腐葉土

❺ パンフレット
❻ 英字新聞
❼ 空き缶
❽ 木工ボンド
❾ はさみ
❿ ピンセット
⓫ 割りばし
⓬ ポンチ

つくり方

1 空き缶の底にポンチと金槌を使って穴を開ける。

2 水抜き穴は底の中央に１つでよい。

3 パンフレットを缶の周囲の長さに合わせて切り取る。

4 切り取った紙の裏側に木工ボンドを塗り、缶にていねいに張り付ける。

5 缶の底が見えなくなる程度に鹿沼土を入れる。

6 赤玉土小粒に腐葉土を混ぜて用土をつくり、**5**の鹿沼土の上に足す。

7 缶の底を手のひらに軽くトントンと打ち付けて用土を落ち着かせる。

8 根鉢が大きすぎるときは根鉢を適度にくずす。

9 主役のパキフィツム「月花美人」の位置を決める。

10 クラッスラ「若緑」以外の多肉を赤玉土極小粒でバランスよく植え込む。

11 隙間に植える「若緑」はピンセットを使って用土に押し込む。

12 すべて植え込んだら割りばしで用土を奥までしっかり詰め込む。

13 用土が沈んだところはスプーンで赤玉土極小粒を足し、高さをそろえる。

14 底から水が流れ出るまで、ジョウロで株元にたっぷり水を与える。

15 さらに霧吹きで葉水を与える。

寄せ植えアレンジ❷

額縁に絵画のようにアレンジ

額縁タイプの木箱にアレンジすると多肉植物を絵画のように観賞できます。異なる葉色の品種を絵を描くように組み合わせるのがポイント。用土に軽量のベラボン（ココヤシチップ）を使ったので、テーブルに置いたり、壁や柱にかけて立体的にも楽しめます。

用意する多肉植物

- Ⓐ セダム「コーカサスキリンソウ」
- Ⓑ クラッスラ「紅葉祭り」
- Ⓒ セネシオ「グリーンネックレス」
- Ⓓ グラプトペタルム「姫愁麗」
- Ⓔ エケベリア「大和錦」
- Ⓕ クラプトベリア「白牡丹」

用意する用土、道具、小物

- ❶ モス（這い苔など）
- ❷ ベラボン
- ❸ 枠のある木箱
  またはフレームタイプの市販品
- ❹ ピンセット

つくり方

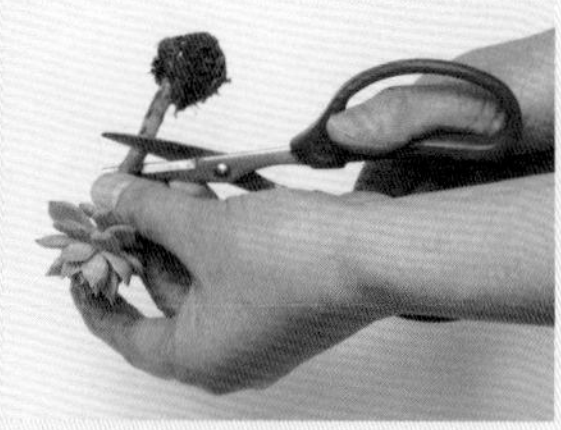

1 茎が伸びすぎた「白牡丹」は切り戻す。

2 「紅葉祭り」は根鉢をすこし崩し、枯れ葉を取りきれいに整える。

3 大株の「コーカサスキリンソウ」は、根鉢を崩して株を分ける。

4 乱れた「姫愁麗」の枝先をカットする。

5 木箱の縁までベラボン（ココヤシのチップ）を入れる。

6 ベラボンを少し取り除いてくぼみをつけ、主役の「大和錦」を植え付ける。

7 「大和錦」の周辺に切り戻した「白牡丹」、「姫愁麗」をバランスよく植える。

8 「紅葉祭り」、高さのある「コーカサスキリンソウ」を後方に配し、立体感を出す。

9 手前に「グリーンネックレス」を配して、動きを表現する。

10 表面にモスを敷いてベラボンを隠す。

11 4でカットした「姫愁麗」で隙間を埋める。

12 ていねいに水をやり、完成※。

※鑑賞時以外は、なるべく屋外で日に当てましょう。

ハンギングバスケットにアレンジ

小さな籠に多肉植物を目いっぱい植え込みました。S字フックを使い、ウオールポットのように壁面を立体的に飾れます。人が出入りする玄関ドアのわきに使っても邪魔にならず、側面や下からも眺められるので、鉢の中とはまた違った多肉の表情が楽しめます。

用意する多肉植物

- Ⓐ カランコエ「チョコ兎耳」
- Ⓑ エケベリア「ワーシーワン」
- Ⓒ ポーチュラカリア「銀杏木」
- Ⓓ エケベリア「ブラックプリンス」
- Ⓔ セダム「カメレオン」…… 小2鉢
- Ⓕ グラプトベリア「デビー」

用意する用土、道具、小物

❶ 赤玉土極小粒　❷ 赤玉土小粒　❸ 腐葉土
❹ 小型のバスケット　❺ 麻布　❻ はさみ
❼ スチールのワイヤー 2本（太さ3㎜／長さ5㎝）
❽ ペンチ（2種類）

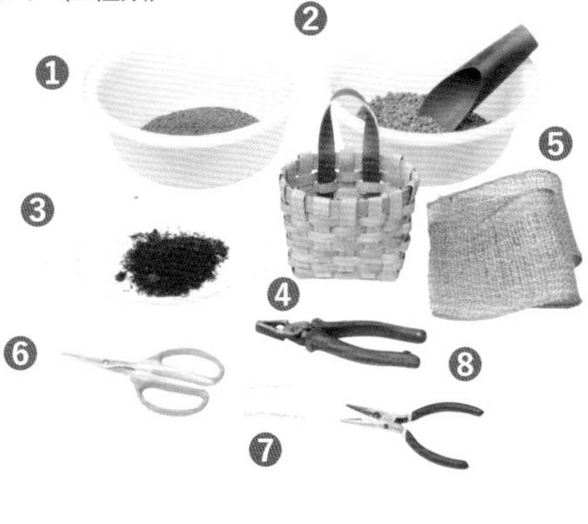

つくり方

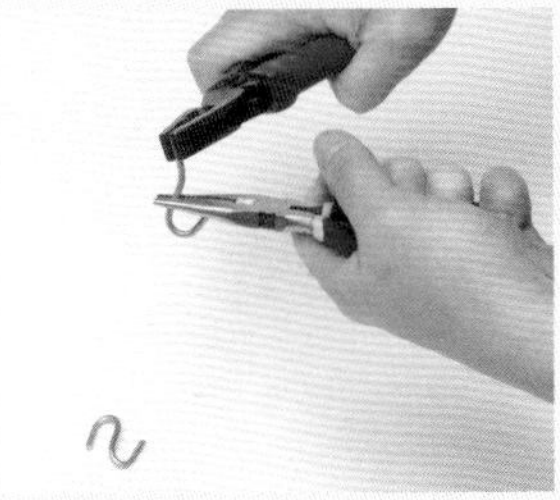

1 ペンチでワイヤーを固定し、別のペンチでS字形に曲げてフックをつくる。

2 バスケットの後ろ側にフックを付け、飾る場所にかけて安定感を確かめる。

3 バスケットの内側を麻布で覆い、はみ出し部分は切り取る。

4 3の底に赤玉土小粒を入れ、さらに赤玉土極小粒を入れる。

5 多肉を鉢から抜いて、バスケットに仮置きしてみる。

6 メインになるものから、赤玉土極小粒を足しながら順次植え込んでいく。

7 空いたスペースに、フォルムの異なるセダムを植える。

8 すべて植えつけたら、隙間に赤玉土極小粒を足す。

9 バスケットを手のひらにトントンと打ち付けて用土を万遍なく行き渡らせる。

10 底から流れ出るまでたっぷり水を与える※。

※屋外の雨のかからない、日当たりのよい場所に掛けましょう。

寄せ植えアレンジ❹

小さなプレゼント用にアレンジ

ワイヤーの小さな籠に水苔を詰め、挿し穂を植え込んでプレゼントをつくりました。葉色の異なる品種をたくさん使ったので、小さくても見栄えがします。きれいな箱などに入れたら素敵なプレゼントになるでしょう。

用意する多肉植物

紅葉したエケベリアやクラッスラ、セダムなどの、茎先をカットした挿し穂

用意する用土、道具、小物

❶ 水苔
❷ 木工用ボンド
❸ 苔
❹ 麻ひも（約1m）
❺ 小さなワイヤーのバスケット
❻ メッセージ
❼ ハサミ
❽ ピンセット
❾ 割りばし

※他プレゼント用化粧箱

つくり方

1 水苔はたっぷりの水に浸して水を含ませ、軽く絞っておく。

2 麻ひもは1mくらいの長さに切り、巻きやすいようにしておく。

3 水苔を手のひらでギュッと丸める。

4 丸めた水苔に麻ひもを巻く。

5 ひもの始まりと終わりを結び、余分なひもは切っておく。

6 多肉を挿す部分の完成。

7 底に入れるほうの水苔も丸めておく（右側）。

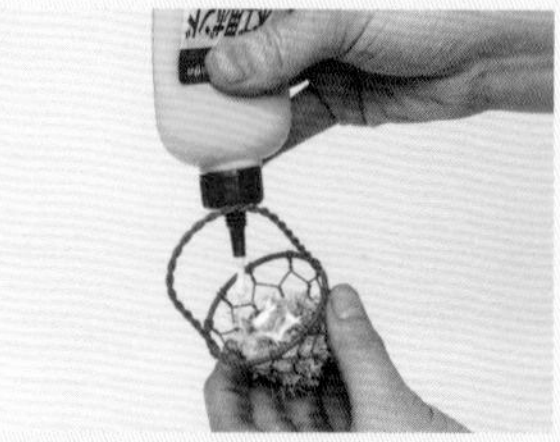

8 ワイヤーのバスケットに水苔の玉を1つ押し込み、木工ボンドをたらす。

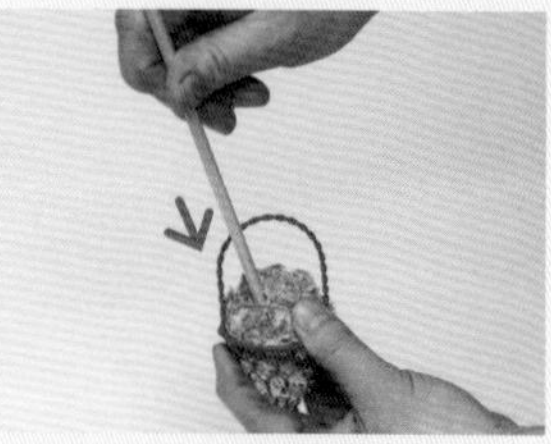

9 もう一つの水苔の玉を乗せて接着させたら、割りばしで水苔に穴をあける。

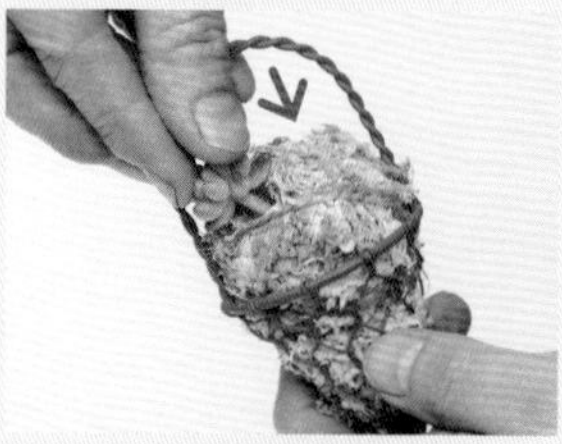

10 木工ボンドを挿し穂の茎につけ、9であけた水苔の穴に挿し穂を埋める。

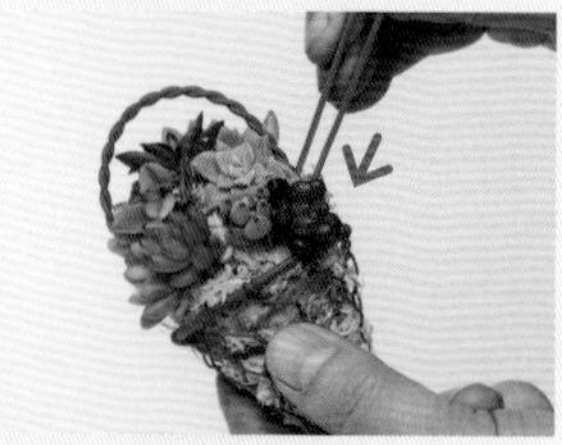

11 葉色のバランスを見ながら、挿し穂をピンセットで水苔に差し込んでいく。

12 表面に苔を張り、メッセージカードをつける※。

※ひと月ほど楽しみ、大きく育てたければ水苔から抜いて土に植え直します。

4
多肉植物図鑑

多肉植物は世界各地に1万5000種以上が分布しているといわれ、その形態も千差万別。葉に透明な窓をもつもの、茎に刺や毛、突起をもつものなど、ほかの植物には見られない特異な形態を示し、さまざまなフォルムで楽しませてくれます。本図鑑では代表的な種類からマニアックなものまでを科別・属別に紹介しています。仲間の特徴や育てるうえでの注意点なども解説し、年間の管理や作業がわかるようにカレンダーもついています。

図鑑の使い方

多肉植物には多くの科と属の植物が含まれ、さらに多くの園芸交配種もつくられているため、その品種は膨大な数にのぼります。生育地も海岸、平地から高山、気温の高い場所、降雪地など、さまざまな場所で、それぞれの地域に合った姿をして自生しています。本書では、これらを分ける方法として、以下のように分類しました。

見た目の形態（植物のどこが多肉化したものか）**で分類**

- 主に**葉**が多肉化した植物（➡P43）
- 主に**茎**が多肉化した植物（➡P130）
- **茎**や**根**が肥大化した植物（コーデックス）（➡P162）
- **地下部**が肥大化した植物（球根植物）（➡P178）

それぞれの「科」のなかで、属名をABC順に並べて（紙面の都合で一部順不同）います。属（グループ）全体の特徴や育てるうえでの注意点などを解説し、代表的な種類を写真つきで紹介しています。なお、科名は分子生物学の成果を取り入れたAPG体系に準拠しています。

基礎データ

- **Ⓐ 科名** …… その植物が属する大きなグループの名称
- **Ⓑ 生育型** …… 日本で育てるときの生育のタイプ
- **Ⓒ 根のタイプ** …… 根が太いものや細いものなど根の状態
- **Ⓓ 難易度** …… *やさしい　**やや難しい　***難しい　****特に難しい
- **Ⓔ 原産地** …… 自生している主な場所

Ⓕ 植物名
……学名のカタカナ表記、和名、園芸名のうちポピュラーな名前を表記

Ⓖ 学名表記
……属名・種小名の順に表記。園芸品種名は‘ ’でくくっている

Ⓗ 植物の特徴
……写真に取り上げた植物の性質、特徴、育て方の注意点などを記載

Ⓘ 栽培カレンダー
生育サイクル、置き場所、水やり、繁殖の方法、施肥、薬剤散布など、年間を通して育て方がわかるようにしている。ただし、栽培環境により幅があることや地方によって差があることを考慮したうえで利用してほしい（本書では南関東の市街地を基準に解説している）。また、栽培カレンダーは一例だけや最適期を示しているので、本文の記述と多少異なることがある。

Adromischus

アドロミスクス属

〔ベンケイソウ科〕

ぷっくりとふくらんだ葉に、個性的な模様が入る魅力的な小型の多肉植物で、南アフリカのケープ州などに約60種がある。日当たりと風通しのよい場所で乾燥気味に育てれば栽培は比較的容易。夏の休眠時に直射日光に当てないよう注意する。夏は遮光するか半日陰に置き、水やりを控える。寒さには比較的強いが、軒下やフレームに入れると安心。葉挿しや挿し芽で簡単にふやせ、適期は秋のはじめ。

生育型	根のタイプ	難易度	原産地
春秋型	細根	****	南アフリカ、ナミビア

レウコトリカ

A.leucotrica var.

黄色の斑が入った肉厚の美しい葉が密に群生した小型種。生育はゆっくりしている。

フィリカウリス

A.filicaulis

ぷっくりふくらんだ葉に個性的な模様をつける。株立ちするものもある。夏は半日陰に置くか遮光する。葉挿しや株分けでふやす。

神想曲（しんそうきょく）

A.poellnitzianus

茎は短く、大きくなるにつれて分枝し、幹に赤茶色の毛のような気根が生える。へら形の葉は緑色で斑がなく、柔毛に覆われる。

トリギナス

A.trigynus

幅広の白地の葉に入る褐色の斑点が特徴。比較的育てやすく、十分な日光に当てて育てる。葉挿しで簡単にふやせる。

栽培カレンダー ◆アドロミスクス属

	1	2	3	4	5	6	7	8	9	10	11	12（月）
生育状態	休眠		生育				休眠		生育		開花	
置き場所	フレーム		戸外（風通しのよい日なた）				戸外（風通しのよい半日陰）		戸外（風通しのよい日なた）			
水やり	控えめ		たっぷり（鉢土が乾いたら）				断水		たっぷり（鉢土が乾いたら）			
施肥			（元肥のみで追肥は不要）							（元肥のみで追肥は不要）		
作業			植え替え（株分け、切り戻し、挿し木、葉挿し） 殺虫剤散布							植え替え（株分け、タネまき、葉挿し、挿し木） 殺虫剤散布		

Aeonium

アエオニウム属

〔ベンケイソウ科〕

ロゼット状に重なる葉が特徴で、株立ちするものも多く大株に仕立てることもできる。成株になると、盛り上がるように上部の茎が伸び、黄色や白、ピンクなどの花をつける。開花すると種子を残して株が枯死するものもある。

夏の高温と蒸れに弱いので、梅雨から夏にかけて、雨よけと遮光をして風通しよく管理する。冬は霜に当てないよう軒下やフレーム内で、5℃以下にならないように注意する。日照不足で徒長した株は切り戻して仕立て直す。

生育型	根のタイプ	難易度	原産地
冬型	細根	****	カナリア諸島、北アフリカ など

艶日傘（つやひがさ） *A. arboreum 'Albovariegatum'*

アルボレウム種の斑入り品種で高さ50㎝程度。鮮やかな緑色の葉に淡黄色の覆輪が入って美しい。斑入り種の中では育てやすい。

黒法師（くろほうし） *A.arboreum'Zwartkop'*

黒紫色の葉を傘状に広げる人気の品種。ロゼットは径20㎝ほど。夏に通風のよい強光下に置くと見事な黒い葉に染まる。

小人の祭り（こびとのまつり） *A.sedifolium*

「セダムの葉のような」という種小名どおり、短めの葉が分枝して株立ち状になった茎の先に密につき、紅葉期にオレンジ色に染まる。

紅姫錦（べにひめにしき） *A.haworthii f. variegata*

カナリア諸島のテネリフェ島原産の「紅姫【べにひめ】」の斑入り種。茎が多数分枝して低木状に育ち、寒冷期には赤く色づいて美しい。

カシミアバイオレット *A.'Cashmere Violet'*

黒法師によく似ているが、それよりよく分枝する。葉は丸みを帯び、ロゼットがコンパクトにまとまる。

まだら黒法師（まだらくろほうし） *A. arboreum var.rubrolineatum*

褐色を帯びた紫色の皿状の葉に、濃い紫色のきれいな絞りのような斑が入る品種。生長すると茎が立ち上がり、高さは30㎝程度。

黒法師錦（くろほうしにしき） A.arboreum cv. 'Schwarzkoph f.variegata'

「赤彗星【あかすいせい】」とも。真っ黒な葉に赤色の覆輪【ふくりん】が入り、色の対比が素晴らしい。ロゼットの直径は10〜15㎝。

艶姿（つやすがた） A.undulatum

茎は太くて丈夫。少し枝を出し低木状になる。葉は艶のある暗緑色のへら状で、美しい繊毛がある。ロゼットは径30㎝。

キュオニウム A.decorum f.variegata

「夕映え【ゆうばえ】」とも。ロゼットは径10〜15㎝。中心部はアプリコット色で、葉縁に鮮紅色の斑が入る。夏の強光を避けて管理する。

サンバースト A.urbicum f. variegata

緑色の葉に黄色の斑が入り、葉の先はピンクに染まる。葉を放射状に多数のばし、紅葉するとさらに美しくなる。

明鏡錦（めいきょうにしき） A.tabuliforme f. variegata

へら状の葉が重なった平らなロゼットが特徴の「明鏡」の斑入り種。クリーム色の斑が不規則に入り、やや傾斜して滞水を防ぐ。

明鏡錦石化（めいきょうにしきせっか） A.tabuliforme f. crested

「明鏡錦」の石化品種で、「明鏡冠【めいきょうかん】」とも呼ばれる。小型であまり大きく育たない。

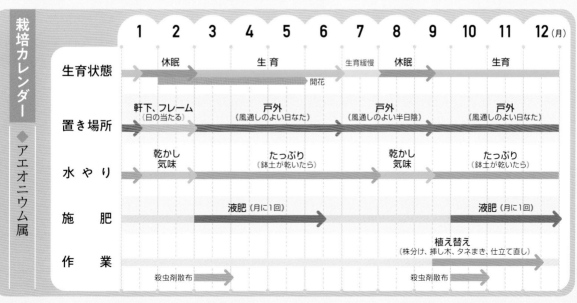

栽培カレンダー ◆アエオニウム属

	1	2	3	4	5	6	7	8	9	10	11	12(月)
生育状態		休眠			生育	開花	生育緩慢	休眠			生育	
置き場所	軒下、フレーム（日の当たる）				戸外（風通しのよい日なた）		戸外（風通しのよい半日陰）				戸外（風通しのよい日なた）	
水やり		乾かし気味			たっぷり（鉢土が乾いたら）			乾かし気味			たっぷり（鉢土が乾いたら）	
施肥				液肥（月に1回）							液肥（月に1回）	
作業		殺虫剤散布						殺虫剤散布		植え替え（株分け、挿し木、タネまき、仕立て直し）		

美しく紅葉したペンデンスの葉先。

Cotyledon

コチレドン属

〔ベンケイソウ科〕

葉の表面に粉が吹いていたり、産毛(うぶげ)が生えていたり、葉の縁が赤く色取られたりして、多くは茎が立ち上がり下部は木質化する。

日当たりと風通しのよいところを好むが、夏は直射日光を避け、半日陰で乾かし気味に風通しよく管理する。冬は日当たりのよい室内に入れ、水を控える。粉がついていたり、毛が生えているタイプでは葉にかからないようにして、用土に水をやる。葉挿しには向かないので茎をつけて切り取り、挿し芽でふやす。

生育型	根のタイプ	難易度	原産地
夏型	細根	****	南アフリカ など

ペンデンス *C.pendens*

コロコロとした丸い葉が、這うように伸びる茎を密に覆う。夏に大きめの赤い花が下向きに咲く。

〈花〉

熊童子(くまどうじ)

C.tomentosa

産毛をもった肉厚の葉の先に、赤褐色の小さな突起があり、幼い熊の足の爪を思わせる。細い枝をつけ、高さ10～15㎝ほどになる。

黄熊童子(きくまどうじ)

C.tomentosa var.

「熊童子」の黄斑品種。

紅(べに)かんざし *C.elisae*

濃緑色の葉が赤く縁どられ、春から初夏にかけてベル形の赤い花を多数咲かせるので、花ものとしても楽しめる。

ルテオスカマタ *C.luteosquamata*

高さ8㎝くらいで、幹が太りそこから2～3㎝の枝を多数出し、頂部にロゼット状に棒状の葉をつける。夏は落葉休眠する。

福娘（ふくむすめ） C.orbiculata var. oophylla

紡錘形の葉は白い粉を帯びた白緑色で、紫紅色の縁どりが入る。花茎を長く伸ばして橙紅色の釣り鐘形の花を数輪つける。

嫁入り娘（よめいりむすめ） C.orbiculata cv.'Yomeirimusume'

白粉を帯びた肉厚の葉に赤橙色の縁どりが入り、２色のコントラストが美しい。秋から春は特に美しい姿になる。

ふっくら娘（ふっくらむすめ） C.orbiculata 'Fukkra'

「嫁入り娘」と「福娘」の交配種。白粉を帯びたぷっくりした葉先がチョコレート色に染まる。日照不足だと徒長するので注意。

紅覆輪（べにふくりん） C.macrantha

ケープ州原産。分枝して１mの高さになる低木。濃緑色の肉厚の葉は全縁で、濃紅色に細く縁どられる。ロゼットの径は12㎝。

白眉（はくび） C.orbiculata cv.

オルビクラタの交配種の一つ。倒卵形の灰白色の大きな葉は肉厚で、葉の縁に赤いラインが入ってとても美しい。

旭波の光（きょくはのひかり） C.orbiculata

扇状でやや白粉を帯びた青緑の葉に、クリーム色の覆輪が入る。葉縁はあまり波を打たず、日当たりがよいとやや赤く染まる。

栽培カレンダー ◆コチレドン属

	1	2	3	4	5	6	7	8	9	10	11	12（月）
生育状態	休眠	生育緩慢	生育					半休眠		生育		生育緩慢
						開花 →						開花
置き場所	室内、フレーム（日の当たる）		戸外（風通しのよい日なた）									
水やり	乾かし気味		たっぷり（鉢土が乾いたら）				乾かし気味			たっぷり（鉢土が乾いたら）		乾かし気味
施肥			液肥（元肥があれば追肥は不要）						液肥（元肥があれば追肥は不要）			
作業			植え替え（挿し木、株分け、切り戻し）						植え替え（タネまき、挿し木、株分け、切り戻し）			
		殺虫剤散布						殺虫剤散布				

Crassula
クラッスラ属

〔ベンケイソウ科〕

アフリカを中心に自生する多肉植物の代表的なグループで、300種以上が知られている。常緑から落葉するものまで変化に富んだ葉をもち、小さな愛らしい花を咲かせるのも特徴。種類によって生育型が異なるが、基本的には日当たりと風通しのよい場所で管理する。ほとんどの種類が9月から5月までの冬の間に育ち、最も多い冬型に近い春秋型は、日本の高温多湿を嫌うので、夏は直射日光を避けて乾かし気味に育てる。葉挿しか枝挿しでふやすのが一般的。

生育型	根のタイプ	難易度	原産地
夏、冬、秋春型	細根	＊＊＊＊	南アフリカを中心に全世界

火祭り（ひまつり） *C.capitella*

春から夏にかけては葉が緑だが、気温が下がるにつれて赤みを帯び、きれいな紅葉が楽しめることで有名。

〈花〉

（火祭り）開花する秋の姿（写真上）と小さな塊になって咲く花。

アルボレスケンス *C.arborescehns*

「紫の円盤」とも。栽培下では高さ40～50㎝。灰青緑色の葉は丸みを帯び、表面に斑点があり、縁が紅色に染まる。

洛東（らくとう） *C.lactea*

生長は割合早く、葉縁はギザギザと細かく切れ込みが入り、寒冷期は葉の縁が赤く色づく。「金のなる木」に似た花を咲かせる。

若緑（わかみどり） *C.lycopodioides var. pseudolycopodioides*

先が鋭く尖った淡緑色の細かな葉が重なる。日照不足だと徒長して枝が垂れてくる。摘心してわき芽を出させるとこんもり茂る。花は小さくて目立たない。

〈花〉

青鎖竜（せいさりゅう） *C.lycopodioides*

〈花〉

ケープ州原産。鮮緑色の葉はごく小さな三角状で、4列に密に重なってつき鎖状になる。葉の腋に帯黄色の微小な花をつけるが、小さな花で目立たない。

エリコイデス *C.ericoides*

茎の四方に鮮緑色の葉を並べ、分枝しながら上に伸び、10～20㎝になる。真夏の直射日光は避けて管理する。

育て方のコツ
きれいに紅葉させるには

多肉植物の多くは、気温が低下するとともに美しく色づきますが、期待したほど色づかないでがっかりすることもよくあります。

きれいに色づくポイントは寒暖差と日当たりなので、できるだけ雨や霜が避けられる軒下などの戸外で管理し、寒さと日光に当てます。ただし、0℃になる前に室内に取り込みます。また、色づく時期に肥料が効いていると発色が悪くなるので、紅葉期には肥料が切れるようにすることも大事です。

美しく紅葉した「紅葉祭り」（上）「火祭り錦」（右）

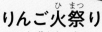

りんご火祭り
C.capitella'Ringo'

緑色の葉に縦に赤いすじが入り、寒くなるとともに紅葉して葉全体が赤く染まり、一段と美しくなる。白い花を咲かせる。

天狗の舞 C.dejecta

舟形の小さな葉をつけ、高さ30㎝。春に白い小さな花をつける。日当たり、風通しよく管理する。挿し芽でふやす。

稚児姿 C.decdptor

小型の塔状ロゼットは径2.5～3㎝、高さ4～8㎝。肉厚の葉は菱形だが密に重なるため三角形に見える。

紅葉祭り
C.captella
'Momiji Matsuri'

「火祭り」と「筑羽根【つくばね】」との交配といわれ、肉厚の葉が美しく紅葉して人目をひく。寒冷地以外は戸外で越冬できる。花茎の先に白い小さな花をつける。

〈花〉

ハンペルティー
C.humbertii

小さな葉を多数つけるクラッスラ。葉にはくすんだ赤い斑点が入り、葉の腋から柄を出して星形に開く白い花を咲かせる。花は柄の先に一つずつ咲く。

〈花〉

火祭り錦
C.capitella f.variegate

「火祭り」の斑入り品種で「火祭りの光」とも。緑の葉にクリーム色の外斑が入る美しい品種。葉腋に白い小さな花を開く。

〈花〉

銀箭（ぎんぞろえ）
C.mesembrianthoides

鮮緑色の細長い葉は細かい毛に覆われ、晩秋から冬は紅葉してやや赤く色づく。育てやすい品種だが冬の凍結に注意。

姫黄金花月（ひめおうごんかげつ） C.ovata cv.

日当たりよく育てると、秋から早春にかけて葉先の橙紅色が冴える。

神刀（じんとう）
C.perifoliata

披針形で鎌形、刀のような葉を左右交互に出して幾重にも重なる。夏に、クラッスラの仲間では珍しい鮮やかな朱色の花を咲かせる。

王妃神刀（おうひしんとう）
C.perfoliata
var. falcate f. monor
(C.'Ouhi sintou')

ピンクの小さな花が集まって半球状に咲く。比較的丈夫だが、上に伸びるので徒長させないように管理する。

ゴーラム
C.ovata'Gollum'

「金のなる木」の変種で、「宇宙の木」とも呼ぶ。筒状の葉は先が赤く染まって凹んでいる。冬は室内に入れ、凍結に注意する。

緑蛇（みどりへび）
C.muscosa f.

緑色の葉が鱗状に密生して紐状に伸び、草丈は15～25㎝ほどになる。挿し芽でふやす。秋に径2㎜ほどの黄色の小さな花をびっしりとつける。

〈花〉

鑫鑫（しんしん）

C.ovata cv.

昔からある「艶姿【つやすがた】」で、白斑のものを「花月錦【かげつにしき】」と呼び、黄斑のものを「艶姿の光」と呼んでいる。

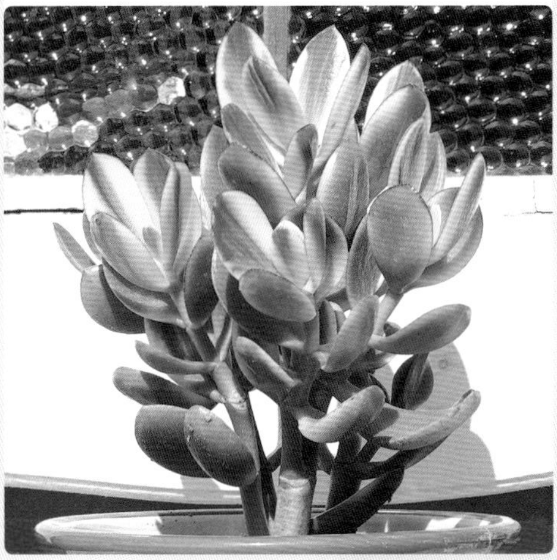

艶姿の光（つやすがたのひかり）

C.perifoliata

「鑫鑫」に黄色い斑が入る品種。

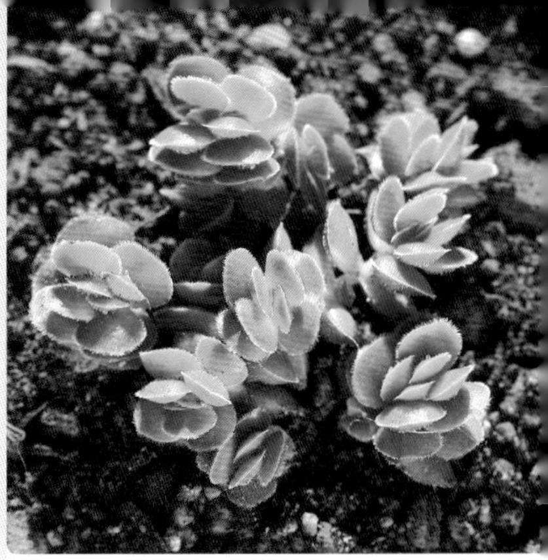

デイビット

C.lanuginosa var.pachystemon'David'

丸い小さな葉には産毛が生え、寒冷期には真っ赤に紅葉して姿が一変する。日当たりと風通しのよい場所で管理し、夏は遮光する。

呂千絵（ろちえ）

C.'Morgan's Beauty'

「神刀【じんとう】」とメセンブリアンテモプシスとの交配種。肉厚の灰青白色の丸い葉が重なり、株の頭部にピンクの花を半球状につける。

南十字星（みなみじゅうじせい）

C.perforata f. variegata

「星乙女」の斑入り品種。三角状の卵形の小さな葉が十字対生して重なるようにつく。秋になるとほんのり赤く染まる。

〈葉〉

星乙女（ほしおとめ）

C.perforata

細い茎は株立ちになった後、倒伏してはまた立ち上がる。葉は灰緑色で縁が紅色に彩られ、小さな赤い斑点があり、基部は合着。

ボルケンシー *C.volkensii*

こんもりした株姿になり、冬に小さな白い花を咲かせる。葉は次第に紫褐色に染まり、晩秋には一段と美しくなり斑もはっきりする。斑が鮮明になった秋の姿（写真右）。

ワテルメイエリー *C.atopurpurea'Watermeyeri'*

丸みを帯びた葉はうっすらと産毛が生え、紅葉時赤みを帯びる。白い小さな花を咲かせる。

愛星（あいぼし） *C.rupestris*

茎は木質で直立し、対生する葉は基部で合着する。「メゴボシ」、「彦星【ひこぼし】」とも呼ばれ、葉の大小があるがみな同種である。

桃源郷（とうげんきょう） *C.tetragona*

「竜陽【りゅうよう】」とも。ケープ州東部原産で、直立して高さ1mにもなる。細長い葉は黄緑色を帯び、若い葉は先端部が上に湾曲する。

サルメントーサ *C.sarmentosa f. variegata*

高さ10～15㎝。緑色の葉に黄色の覆輪が入り、葉縁には細かいギザギザした切れ込みがある。紅葉するとピンクに染まる。花茎の先に星形に開く小さな花が集まって咲く。

〈花〉

桜花月（さくらかげつ） C.portulacea'Sakurakagetsu'

幼苗のころから花が咲きやすい矮性【わいせい】品種で、ピンクの花を咲かせる。

ソシアリス C.socialis

「雪の妖精【ゆきのようせい】」とも。三角形に見える葉を十字対生に密に重ね、早春に白い小花を多数開く。夏越しに注意する。

金のなる木（かねのなるき） C.portulacea

「花月」とも。光沢のある濃緑色の葉に、赤い縁取りが入る。茎の先に星形の花を開くが、大株にならないと開花しない性質がある。

ベビーサプライズ C.Baby Surprise

タワー型の代表でもある「数珠星【じゅずぼし】」の変異といわれている。挿し木でふやす。

姫紅花月（ひめべにかげつ） C.portulacea cv.

葉が小さく全体に赤みを帯びる。根腐れしやすいので乾燥気味に管理し、冬は凍結に注意する。

栽培カレンダー ◆クラッスラ属（春秋型）

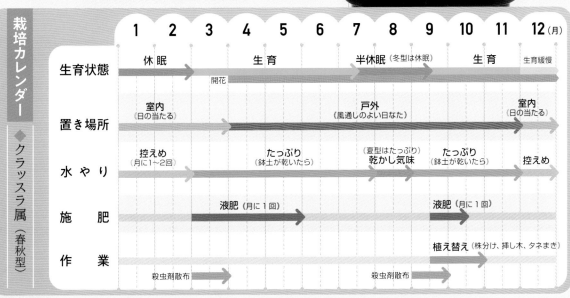

	1	2	3	4	5	6	7	8	9	10	11	12(月)
生育状態	休眠 →		生育 / 開花 →				半休眠（冬型は休眠）→			生育		生育緩慢
置き場所	室内（日の当たる）→			戸外（風通しのよい日なた）→								室内（日の当たる）→
水やり	控えめ（月に1～2回）→		たっぷり（鉢土が乾いたら）→				（夏型はたっぷり）乾かし気味 →		たっぷり（鉢土が乾いたら）→			控えめ →
施肥			液肥（月に1回）→							液肥（月に1回）→		
作業		殺虫剤散布 →						殺虫剤散布 →		植え替え（株分け、挿し木、タネまき）→		

Echeveria

エケベリア属

〔ベンケイソウ科〕

主としてメキシコの高原に自生し、約140種が知られ、多くの園芸品種がある。葉が重なってロゼット状になる人気種で、葉の形や色が多彩で、小型種から大型種までさまざまある。

夜になっても温度が下がらない日本の夏を嫌うものが多い。春と秋の生長期は風通しのよい戸外で、徒長しないよう十分に日に当てる。真夏は遮光して株の中心に水をためないように水を与える。冬はフレームなどに入れて霜よけをする。

生育型	根のタイプ	難易度	原産地
春秋型	細根	＊＊＊＊	メキシコ

カンテ E.cante

生長すると直径が30㎝にもなる大型種。白粉を帯びた葉の縁が赤く染まり、寒冷期は赤みが一段と冴える。

メンチャカ

E.cuspidata Menchaca

灰青色の肉厚の葉と長い爪が魅力。10～25℃で生育し、暑い時期と寒い時期は休眠する。冬は室内の日当たりで管理する。

ヒアリナ E.hyaliana

先の尖った倒卵形の葉は肉厚で淡青緑色。多数の葉が密に重なり、ロゼットの径は８㎝前後。原産地はメキシコ。

チワワエンシス E.chihuahuaensis

肉厚の葉は白粉を帯びた淡青緑色で、倒卵状。尖った葉の先端は鮮紅色。ロゼットの径は10㎝前後で短い茎をもつ。

アルバ

E.elegans'Alba'

「ホワイトローズ」ともいい、ロゼットは径5～8㎝。白粉を帯びた淡黄緑色の倒卵状の葉を重ね、冬期でも葉は色づかない。

アガボイデス・ロメオ

E.agavoides cv.'Romeo'

アガボイデス・コーデロイの実生から誕生した品種で、１年を通して深みのある赤色を保つのが特徴。

チワワエンシス錦（にしき）

E. chihuahuaensis variegata

チワワエンシスの斑入り種で、白粉を帯びた淡青緑色の葉にクリーム色の斑が入る。鮮紅色の爪との対比が美しい。

月影錦 E.elegans f. variegata

「月影」の斑入り種で、白粉を帯びた肉厚の淡青緑色の葉にクリーム色の斑が入る。ロゼットの径は13㎝前後。

相府蓮
E.agavoides cv. 'Soufuren'

「東雲」の交配種で、植物体の下部からよく子吹きするので容易にふやせる。寒冷期は葉の上半分が真っ赤に染まってきれい。

紅日傘 E.bicolor var. bicolor

ロゼット状から徐々に立ち上がり、日傘を差したような姿になるので、切り戻してコンパクトに育てたい。秋に赤みがまして美しい。

魅惑の宵 E.agavoides cv.'Lipstick'

大型でロゼットの径は18㎝前後。長楕円形の葉は明緑色で縁が赤く染まる。強光線下で育てると葉の1/3～1/2が濃紅色になる。

古紫 E.affinis

肉厚の葉は黒に近い暗緑色で、弱光線下では本来の色が出ないので、よく日に当てる。ロゼットの径は10㎝前後。

（紅葉した姿）

ハムシー E. harmsii

肉厚の葉は披針形～へら形で、全面に毛をつける。低温強光下で育てると、葉縁の紅色が濃くなる。初夏に咲く花は長さ2～2.5㎝。

〈花〉

デレンベルギイ E.derenbergii

「静夜【せいや】」とも。緑白色で肉厚の倒卵形の葉は縁が紅色に染まり、密に重なる。高さ10㎝ほどの花茎の先に花（ベル形の紅赤色の花で、花弁の先は橙黄色）を咲かせる。

鯱 E.agavoides f. cristata

「東雲【しののめ】」の綴化【てっか】品種で、別名は「東雲綴化」。綴化面が大きく、尖った葉先が紅色を帯び、紅葉時には一段と赤く染まる。

森の妖精 E.pringlei var. parva

有茎で、よく分枝しながら上に伸びるタイプ。明るいグリーンの葉の縁がほんのり赤く染まり、寒くなると赤が強くなる。

錦(金)晃星

E.pulvinata

ロゼットの径は8㎝前後。有茎でよく分枝して低木状に育つ。全体が白い毛に覆われ、厚い葉の先端が濃赤色に染まり、鐘状の朱紅色の花をつける。

〈花〉

ミニマ E.minima

小型のエケベリアの代表で、小型の品種づくりに貢献している。ごく厚い葉は淡白色を帯びた淡緑色で葉先が濁赤色に彩られる。

ピーコッキー

E.peacockii

「養老【ようろう】」とも。青緑色の葉は日によく当てると、白粉をかぶって淡いピンクを帯び、葉先と葉縁がピンク色になる。

シャビアナ E.shaviana

「祇園の舞【ぎおんのまい】」とも。多数の変種、交配種があり、葉の色も灰色っぽい白から、かなり濃い紅色まであり、葉縁のフリルが愛らしい。寒冷期には一層美しくなる。

アフターグロー

E.subrigida'Afterglow'

カンテとシャビアナの交配種。ロゼット径は30㎝と大きく、葉は白粉を帯びた桃色。日によく当てて育てると美しく紅葉する。

アルバ美尼

E. cv. 'Alba- mini'

白粉を帯びた緑白色の葉が特徴のエケベリア。寒くなると葉の周りが淡く色づき、一段と美しくなる。

七福神

E.secunda var.glauca

大型種で葉はやや内側に湾曲し、十分に日に当てて育てると先端部が紅色に色づく。夏に朱紅色で先端が黄色に染まる花をつける。

ルンヨニー

E.runyonii

ロゼットの径は8～12㎝。灰青緑色で白粉を帯びた葉が特徴。強健で育ちが早いので、初心者にもお勧めの品種。

ラウイ

E.laui

ほとんど無茎でロゼットの径8～12㎝。丸みのある肉厚の葉が厚く白粉をかぶっているのが特徴。花は橙紅色。白粉を帯びた葉は紅葉期に赤く色づく。

〈紅葉した姿〉

トップシータービー
E.runyonii'Topsy Turvy'

ルンヨニー種の突然変異で誕生した生育旺盛な種で、葉の縁が外側に巻くのが特徴。ロゼットの径は約20cm。

〈花〉

花茎を伸ばして朱色の花を多数開く。

秋の霜綴化（あきのしもてっか）
E.waradii f. cristata

綴化の面が白い粉を帯びて美しく、径20cmほどになる。春から秋は戸外で管理できるが、梅雨の時期は雨を避け、多湿を避ける。

錦の司（にしきのつかさ）
E.harmsii
(Echeveria × set-oliver)

ハムシー種とセトサ種の交配種。披針形の葉は鮮緑色で、全面が白い毛で覆われる。日によく当てると秋〜冬は葉縁の紅色が冴える。

紅稚児（べにちご） *E. macdougallii*

丈夫でつくりやすい。小葉が群生し、日当たりのよい戸外におくと紅葉する。寒さには非常に強く、－5℃でも大丈夫。

花うらら（はなうらら） *E.pulidonis*

プレドニスとも。短茎で、ロゼットの径は12cm前後。肉厚の葉は先が尖った倒卵形か倒披針形で、先端と縁が赤く彩られる。

紅司（べにつかさ） *E. nodulosa*

有茎で、ロゼットの径は5～13cm。葉縁と葉裏のほか、表面にも不規則に暗赤色の線が入り美しい。低温期ほど発色がよい。

〈花〉

夏に小さな花をつける。

大和錦（やまとにしき） *E.purpusorum*

メキシコ南部原産。厚い葉は先が尖った卵形で、灰緑色。表面は濁緑色の細かい斑点が入り、裏面は濁赤色の斑点がある。

「元祖【がんそ】」と呼ばれている「大和錦」の紅葉した姿。

育て方のコツ
枯れた葉の処理

ロゼット状に葉が重なり合うエケベリアは、下葉や外側の葉が枯れて生長していきます。枯れた葉は見た目が悪いだけでなく、蒸れを防ぐためにもその都度取り除きます。

取り除かないと蒸れるだけでなく、そこに細菌がつきやすくなり、水やりの際に元気な葉にも伝染して、株全体が病気にかかり、枯れてしまいます。こまめに取り除くことが大事です。

1 ピンセットで茎や葉を傷つけないようにていねいにとる。

2 きれいになった株。茎の細根が見えていても土増しの必要はない。

クリスタル E.'Crystal'

「イア」とも。青系などの変化に富んだ葉色が美しく、春～秋は花壇の縁どりにも最適の交配種。群生するので蒸れには注意する。

桃太郎（ももたろう） E.'Beatrice'

チワワエンシスとリンゼアナとの交配種で、１年を通して尖った葉先が紅色に染まる。丈夫で、葉挿しや株分けでふやす。

桃太郎斑（ももたろうふ） E.cv.'Beatrice'f. variegata

「桃太郎」の斑入り種で葉にクリーム色の条斑が入る。寒くなると葉の周囲の赤が一段と冴える。

ブルーバード E.cv.'Blue Bird'

リンドサヤナの交配種。白粉をまとった優雅な美白系のエケベリアで、青みを帯び整ったロゼットの形が魅力。紅葉時は赤く色づく。

ブルーバード斑入り（ふい）

E.cv.'Blue Bird'f. variegata

「ブルーバード」の斑入り種で、ぽってりした肉厚の葉に白っぽい条斑が葉全体に入り、紅葉期には淡く色づく。

ブルーサプライズ

E.cv.'Blue Surprise'

生育適温は10～25℃で、風通しのよい明るい場所で管理する。倒卵状の厚い葉をつけ、エレガンスの仲間といわれている。

ラブリーローズ E.cv.'Lovely Rose

小型のエケベリアで、文字通りバラの花を思わせるロゼットをかたちづくり、紅葉もきれい。蒸れやすいので風通しよく管理する。

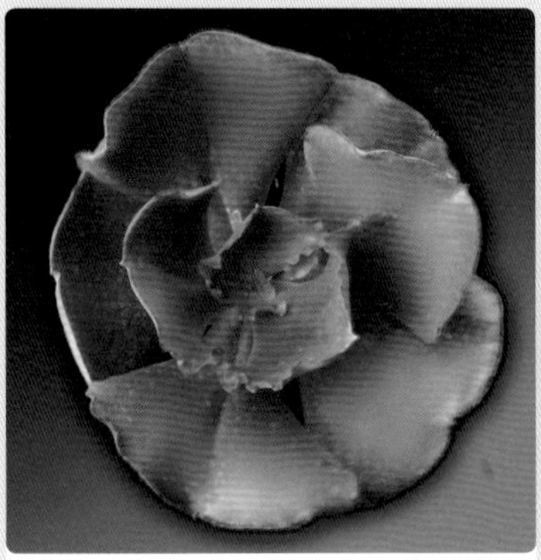

シンデレラ

E.cv.'Cinderella'

白い粉を帯びた紫桃色の葉の縁が赤みを帯び、いくらかウェーブが入る。晩秋から冬は一段と葉色が冴える。

アーリーライト

E.cv.'Early Light'

葉は紫色を帯び、縁にフリルが入る大型種。葉色は周年変わらず、生育期に緑になるエケベリアの中では目立つ存在。

ジャッカル E.'Jackal'

「桃太郎」とザラゴーサとの交配種のようで、葉先の爪が鋭いのが特徴。寒冷期は葉縁がピンクに色づき、一段と美しさをます。

花月夜 E.cv.'Crystal'

「月影」と「花うらら」を交配した小型種。白粉を帯びた淡黄緑色の葉は葉縁がピンクに色づき、紅葉時は一段と冴える。

モノケロティス錦

E.cv.'Monocerotis'f. variegata

「大和錦」と「紅司」の交配種「モノケロティス」の斑入り。赤紫の縁どりのある紫を帯びた濃緑色の葉に淡黄色の斑が不規則に入る。

ベンバデイス

E.cv.'Ben Badis'

「大和錦」と「静夜【せいや】」の交配種。葉先の赤い爪と葉裏の赤い条が映えてとてもきれい。紅葉時はピンクに染まりさらに美しくなる。

ルノーディーン

E.'Lenore Dean'f. variegata

「コンプトンカルーセル」とも。クリーム色の覆輪と赤い爪が特徴。秋から冬にかけて葉の縁がほんのりとピンクに染まる。

ムーンストーン

E.cv.'Moon Stones'

徒長を避けるため、日当たりと風通しのよい場所で管理するが真夏は遮光するとよい。紅葉期は葉の周辺から赤く染まる。

ファイヤーリップ

E.'Fire Lip'

中型種。光沢のある鮮やかな緑色の葉が多数重なってつき、葉の縁が赤く染まるのが名の由来。

祥福錦 E.cv.'Hanaikada' f. variegata

「花いかだ」の斑入り種で、「花いかだ錦」とも呼ばれている。ロゼットの径は10㎝以上。秋から冬は全体が真っ赤に染まる。

ミニベル錦

E.cv.'Minibell'f. variegata

有茎品種の「ミニベル」の斑入り種。株元や立ち上がった茎の途中に子株を吹く。紅葉期には葉の縁からピンクに染まる。

女雛覆輪（めびなふくりん）

E.cv.'Mebina'f. variegate

ややほっそりした葉の先がほんのり赤く染まる「女雛」に、クリーム色の覆輪が入る。紅葉期には葉縁がピンクに染まる。

マディバ

E.cv.'Madiba'

淡青緑色の葉は下半部にフリルが入って、優雅。葉の周辺や爪は淡いピンクに色づき、紅葉期は一段と冴える。

オウンスロー

E. cv. 'Onslow'

白いエッジが入った爽やかなエケベリア。寒冷期に強光下で育てると爪がピンクに色づき、さらに美しくなる。

ピンキー

E.cv.'Pinky'

シャビアナとカンテの交配種。１年中ピンクの葉がきれいな人気の品種。大型種のカンテの血を引き、暖かい時期は生長が旺盛。

ピンクシャンペーン

E.cv.'Pink Champagne'

韓国の交配種。明るい緑からピンクのグラデーションが美しい。寒冷期は真っ赤に紅葉してさらに美しくなる。

ピンクティップス

E. cv.'Pink Tips'

「花うらら」と「ローラ」の交配種で、密なロゼットを形成する。肉厚の葉は葉縁が紫紅色に染まり、紅葉期は鮮やかに色づく。

モーニングライト

E.cv.'Morning Light'

小型で黄覆輪の「サブセシリス錦」と同じものといわれている。寒冷期に強光線下で育てると葉先や縁がピンクを帯びる。

女雛（めびな）

E.'Mebina'

小型であまり大きくならない。葉先や縁がほんのり赤く染まり、紅葉時には赤が強くなる。子吹きして群生し、比較的育てやすい。

ピーチプリデ

E.'Peach Pride'

パリダの交配種で、白粉を帯びた淡緑色の葉をつけて、茎が立ち上がる有茎種。寒さに当たると葉先がピンクに色づく。

パールフォンニュルンベルグ

E.'Pirle von Nurnberg'

古くから知られる交配種で、ドイツで作出された。幅広のスプーン状の葉は、白粉を帯びた紫桃色で低温期に紫色が冴える。

パールフォンニュルンベルグ錦（にしき）

E. 'Pirle von Nurnberg'f.variegata

白粉を帯びた紫桃色の葉に黒っぽい条がランダムに入る「パールフォンニュルンベルグ」の斑入り種。寒冷期に紅葉する。

女王の花笠

E.'Meridian'

赤く縁どられた葉縁に、細かいフリルが入った波打つ葉が特徴。秋の紅葉が素晴らしい。胴切り挿し芽、芯止め挿し芽などでふやす。

パッション

E.'Passion'

葉先が尖った肉厚の、明るい緑の葉がロゼット状に重なり、形のよい姿で人気。寒冷期には葉の周囲が色づく。

ミニベル綴化 E.'Minibell'f. cristata

有茎で上に立つタイプの「ミニベル」が綴化【てっか】して扇形に育ったもの。秋～冬によく日に当てると葉先の紅色が冴える。

レボリューション

E.cv.'Revolution'

「ピンウィール」の実生から誕生した突然変異種で、葉が逆に反り返り、上から見るとハート形に見えて人気がある。

シードラゴン

E.cv.'Sea Dragon'

生長するとロゼット径が30㎝を超える大型種で、強く波打つ葉が特徴。胴切り挿し芽、芯止め挿し芽などでふやす。

ペインテッドレディー

E.'Painted Lady'

よく子吹きして群生する。葉は紅葉すると葉先から葉裏にかけて赤く色づく。春にオレンジ色の花をつける。

オパール

E.'Oparl'

一年を通してワインカラーの葉色はあまり変わらないが、紅葉時は冴えて一段と美しくなる。花はオレンジ色。

ストロベリーアイス
E.cv.'Strawberryice'

白粉を帯びた灰青色の葉の縁がピンク色を帯び、寒冷期に強光線下で育てると、素晴らしく紅葉する。

トランペットピンキー
E.cv.'Tranpeto Pinky'

「ピンキー」の葉が筒状に変化したもので石化の一種。同じような変異に「トップシーダービー」がある。

シルバープリンス錦
E. cv. Silver Prince' f.vaviegata

黒っぽい条斑が入った葉の縁がピンクに染まり、紅葉時は赤みが強くなり、条斑もはっきり出てさらに美しさがます。

大和美尼
E.cv.'Yamato-bini'

「大和錦」と小型種ミニマの交配種。濃緑色の葉の縁と葉裏の中肋が赤く染まる。秋～冬は紅葉し、よく子を吹く。

白蓮華
E.cv.'Sirorenge'

エレガンスの交配種。白粉を帯びた肉厚の葉が密につき、秋から冬は葉先が赤く染まり、整った姿になる。

七福美尼 E.cv.'Shichifukubini'

「養老【ようろう】」と矮性【わいせい】種ベルラの交配種で、ピンクの爪が美しい小型の品種。株の周りによく子吹きして群生するので、ふやしやすい。

サブリム
E. cv. 'Sublim'

白粉を帯びた灰青色の葉はぷっくりと肉厚。うっすらとピンクに色づくが、紅葉期には赤みがましてさらに美しくなる。

シルエット
E. cv. 'Silhouette'

肉厚の葉は白粉を帯びた灰青色で、縁が淡いピンクに染まり、秋から冬は赤みが強くなってきれい。ロゼットの姿も整っている。

スイレン
E. cv. 'Suryeon'

「Suryeon」は韓国語でスイレンのこと。白粉を帯びた灰青色の葉の周りがピンクに染まり、紅葉期は赤みがまし一段と美しい。

シムランス
E.'Simulance'

本来エレガンス系だが、最近の韓国苗は葉縁にフリルがあり、シャビアナとの交配種と思われる。ロゼットの美しさに定評がある。

高砂の翁（たかさごのおきな）
E.'Takasagonookina'

ロゼットの径は約30㎝。強く波打つフリル状の葉が特徴で、秋の紅葉が美しい。オレンジの花が初秋に咲く。

バイオレッドクイーン
E. cv. 'Violet Queen'

「菫牡丹【すみれぼたん】」とも。エレガンスの交配種。白粉を帯びた青白い葉を重ね、整ったロゼットになる。紅葉時は紫を帯びたピンクに色づく。

白雪姫（しらゆきひめ）
E.'Sirayukihime'

葉の幅が広いタイプで、青緑色の葉の縁がほんのりピンクに染まる。葉幅が細いタイプは「雪の華」と呼ばれている。

ファンクイーン
E.'Van queen'

寒さにも割合強く、子吹きがよく育てやすい。秋には葉先がほんのりピンクに色づき、春に鮮やかなオレンジ色の花を咲かせる。

ウェディングドレス
E.cv.'Wedding Dress'

葉の縁に細かくフリルが入る。ピンクを帯びた葉は1年を通しても色みに変わりがない。胴切り挿し芽、芯止め挿し芽などでふやす。

ウェストレインボー
E.cv. 'Western Rainbow'

「パールフォンニュルンベルグ」の斑入り品種といわれ、葉に紫や黄色、ピンクなどの色が入り美しい。強光を避けて管理する。

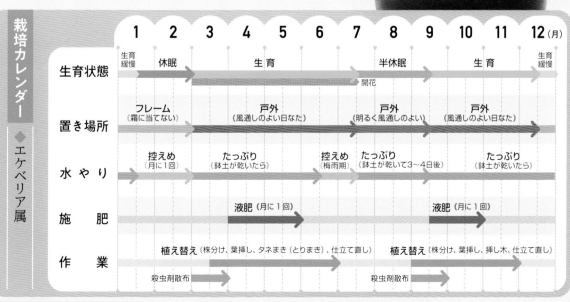

栽培カレンダー ◆エケベリア属

	1	2	3	4	5	6	7	8	9	10	11	12(月)
生育状態	生育緩慢	休眠	生育				半休眠（開花）			生育		生育緩慢
置き場所	フレーム（霜に当てない）		戸外（風通しのよい日なた）				戸外（明るく風通しのよい）			戸外（風通しのよい日なた）		
水やり	控えめ（月に1回）		たっぷり（鉢土が乾いたら）			控えめ（梅雨期）	たっぷり（鉢土が乾いて3～4日後）			たっぷり（鉢土が乾いたら）		
施肥				液肥（月に1回）					液肥（月に1回）			
作業		殺虫剤散布	植え替え（株分け、葉挿し、タネまき（とりまき）、仕立て直し）				殺虫剤散布	植え替え（株分け、葉挿し、挿し木、仕立て直し）				

Graptopetalum

グラプトペタルム属

〔ベンケイソウ科〕

アリゾナからメキシコにかけて約12種が自生している。属名はギリシャ語の「彩られた花弁」の意で、花弁に模様があることによる。エケベリア属やセダム属の近縁種で、小型のロゼットを形成するものが多い。

古株は茎立ちして分枝し、群生株になる。花は星状に開いて、赤い斑点がある。生育は春秋型で、真夏と冬は休眠する。エケベリア同様夏越しに注意し、風通しのよい棚の上などに置き、夏は水やりを少なめにして乾燥気味に管理する。

生育型	根のタイプ	難易度	原産地
春秋型	細根	＊＊＊＊	アメリカ南西部、メキシコ

タキツス錦

G.bellus var. (Tacitus bellus var.)

タキツス・ベルスの斑物。

タキツス・ベルス

G.bellus (Tacitus bellus)

赤紅色で星形に開く花はベンケイソウ科の中では最大級で、1つの花は5～6日咲き続ける。無茎で扁平に近いロゼット状になる。

菊日和 *G.filiferum*

「黒奴【くろやっこ】」とも。先が尖ったへら形の葉が多数つき、5㎝前後のロゼットを形成する。葉の先から細い糸状の芒【のぎ】を出す。夏の暑さに弱い。

ブルービーン

G.cv. 'Blue Bean'

名前通り、青い豆のような姿が愛らしい。白粉を帯びた青緑の粒状の葉先は濃く色づき、密について群生する。

パラグライエンセ

G. paraguayense

「朧月【おぼろづき】」とも。チベットの「石蓮花【せきれんか】」の代用品として売り出されたもの。「グラパラリーフ」の名で市場に出回る。葉をサラダなどで食べるが、食品衛生法上安全が確認されているかを確かめること。

〈葉〉

〈花〉

イエローベラ

G.'Yerou Belle'

葉は青みを帯びた緑色で、やや薄い。早春に黄色い花を多数開く。

アメチスティヌム *G.amethystinum*

「酔美人【すいびじん】」の名で流通する。日照不足だと徒長するので、日当たりと風通しのよい戸外で管理し、夏は水を控える。

姫秀麗錦（ひめしゅうれいにしき） *G.mendozae f. variegata*

ぷくっとふくれた小さな葉をたくさんつける「姫秀麗」の斑入り種。紅葉期は全体が淡いピンクに染まって愛らしい。

Graptosedum

グラプトセダム属 〔ベンケイソウ科〕

グラプトペタルム属とセダム属との交配から誕生したもので、暑さ、寒さに強く丈夫で栽培も容易。周年日当たりを好み、風通しのよい棚の上などに置くとよく生育する。

生育型	根のタイプ	難易度	原産地
春秋型	細根	＊＊＊＊	交配種

（ブロンズ姫）紅葉した姿。

ブロンズ姫（ひめ） *G.'Bronze'*

グラプトペタルムの「朧月【おぼろづき】」を片親にもつ品種で、やや小型で葉は赤銅色で白粉を帯びる。暑さ寒さに強く、葉挿し、挿し木が容易。

秀麗（しゅうれい） *G.'Francesco Baldi'*

「朧月」とセダム「乙女心【おとめごころ】」の交配種。丈夫で、暑さ寒さに強く戸外でも栽培できる。葉が落ちやすいので夏場は水やりを控える。

栽培カレンダー ◆グラプトペタルム属 ◆グラプトセダム属

	1	2	3	4	5	6	7	8	9	10	11	12(月)
生育状態	生育緩慢	休眠	生育				半休眠		生育			
				開花								
置き場所	フレーム		戸外（風通しのよい日なた）				戸外（雨よけのある）		戸外（風通しのよい日なた）			
水やり	控えめ	霧吹き（月2回）	たっぷり（鉢土が乾いてから2～3日後）				控えめ		たっぷり（鉢土が乾いてから2～3日後）			
施肥			液肥（元肥があれば追肥は不要）						液肥（元肥があれば追肥は不要）			
作業			植え替え（タネまき、挿し木、葉挿し、株分け）						植え替え（タネまき、挿し木、葉挿し、株分け）			
		殺虫剤散布						殺虫剤散布				

（シルバースター）紅葉した姿。

Graptoveria

グラプトベリア属

〔ベンケイソウ科〕

グラプトペタルム属とエケベリア属の属間交配種で、ロゼット状の肉厚の葉が特徴。グラプトペタルムより性質は強いが、暑さと蒸れに弱いので、夏は水やりを控えて風通しよく管理する。

生育期の春と秋は、日当たりと風通しのよい場所で長雨に当てないように注意して、水は用土が乾いてから2、3日たってからたっぷり与える。冬はフレームなどに入れて水を控える。

生育型	根のタイプ	難易度	原産地
春秋型	細根	＊＊＊＊	交配種

シルバースター

G.'Silver Star'

「菊日和【きくびより】」とエケベリア・アガボイデスとの交配種。生育はやや遅く、花も咲きにくい。高温多湿に注意して管理する。

オパリナ

E.'Opalina'

エケベリアのコロラータとグラプトペタルムのアメチスチヌムの交配種。肉厚の葉はうっすらと白粉を帯びた淡いピンクで美しい。

白牡丹（しろぼたん） G.'Titubans'

ぷっくりとした白い葉が魅力。「朧月【おぼろづき】」を片親にもつ交配種で、暑さ寒さにも強い育てやすい品種。葉挿しも容易。初夏にアプリコット色の花を咲かせる。

〈花〉

パープルディライト

G.'Purple Delight'

白粉を帯びた肉厚の葉は、紫色のグラデーションがきれい。寒冷期には葉色が一段と冴える。挿し木で容易にふやせる。

マーガレットレッピン
G.'Margarete Reppin'

フィリフェルムと「白牡丹」の交配種。秋には葉先がピンクに色づく。分枝して気根を出すので容易に株分けできる。

初恋（はつこい） G.'Huthspinke'

「パープル キング」とも。ロゼットの径は10㎝ほどで、紫を帯びた淡緑色の葉は晩秋から全体に赤みを増して、紅葉する。

ティツバンス錦（にしき）
G.'Titubans'.variegata

「白牡丹」の斑入り種。灰青色の葉にクリーム色の覆輪が入り、その部分は寒くなるとピンクを帯びる。葉先の爪は目立たない。

ピンク・プリティー
G.'Pink Pretty'

交配親や出自は不明だが、よく子吹きして群生する。ロゼットの径は10㎝ほどで、冷涼期には紅葉する。

栽培カレンダー ◆グラプトベリア属

	1	2	3	4	5	6	7	8	9	10	11	12（月）
生育状態	生育緩慢	休眠	生育 →				半休眠 →		生育 →			
				開花 →								
置き場所	フレーム →		戸外（風通しのよい日なた） →				戸外（雨よけのある） →		戸外（風通しのよい日なた） →			
水やり	控えめ	（月に2回）霧吹き	たっぷり（鉢土が乾いてから2〜3日後） →				控えめ →		たっぷり（鉢土が乾いてから2〜3日後） →			
施肥			液肥（元肥があれば追肥は不要） →						液肥（元肥があれば追肥は不要） →			
作業			植え替え（タネまき、挿し木、葉挿し、株分け） →						植え替え（タネまき、挿し木、葉挿し、株分け） →			
		殺虫剤散布 →						殺虫剤散布 →				

Hylotelephium
ヒロテレフィウム属
〔ベンケイソウ科〕

東アジアを中心に北半球の温帯から亜熱帯に広く分布し、岩上や草原などに生えている。地下茎から毎年花茎を出し、扁平な葉が互生、あるいは輪生する。短日性で花は晩夏から秋に咲き、花色は紅や紫紅色、または白色で、黄色のものはない。雨の多い時期は水やりを控え、一年を通して日当たりと風通しのよい場所に置く。

生育型	根のタイプ	難易度	原産地
夏型	細根	＊＊＊＊	主に東アジア

カラフトミセバヤ
H.pluricaule

「エゾミセバヤ」とも呼ばれる北海道の山地に見られる小型種。青白色の葉の縁は滑らかでギザギザしない。

ヒダカミセバヤ *H.cauticola*

北海道東部の海岸や岩場に生える小型種。対生する葉の縁に少数の波状鋸歯がある。秋に桃紅色の花を茎の先に房状につける。

カラスバミセバヤ
H.sieboldii
(H.'Bertram Anderuson')

「銅葉ミセバヤ」ともいい、黒紫色の葉色が特徴。冬は地上部がなくなり、春にまた芽吹く。秋に濃いピンクの花を咲かせる。

〈花〉

〈葉〉

ミセバヤ
H.sieboldii

かんざしのような花の塊をつけ、縁に細かい切れ込みがある丸い灰青色の葉が3枚輪生する。寒くなると紅葉する。

（ミセバヤ 斑入り種）
黄色の中斑が入る品種で、古くから栽培されている。

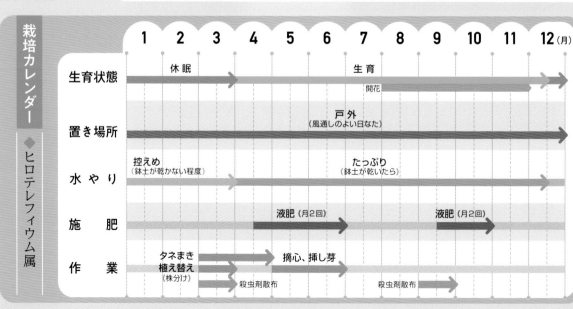

栽培カレンダー
◆ヒロテレフィウム属

	1〜12（月）
生育状態	休眠（1〜3月）、生育（4〜12月）、開花（8〜11月）
置き場所	戸外（風通しのよい日なた）（1〜12月）
水やり	控えめ（鉢土が乾かない程度）（1〜3月）、たっぷり（鉢土が乾いたら）（4〜11月）
施肥	液肥（月2回）（4〜6月）、液肥（月2回）（9〜10月）
作業	タネまき（3〜4月）、植え替え（株分け）（3月）、摘心、挿し芽（5〜6月）、殺虫剤散布（3月、8〜9月）

（月兎耳【つきとじ】）➡P72

Kalanchoe

カランコエ属

〔ベンケイソウ科〕

多年草または低木状の多肉植物で、約100種が知られる。葉の形や色が個性的で、葉色の変化が楽しめるほか、鉢花にされる花の美しい品種もある。

栽培は比較的容易で、生育期の夏は屋外で雨に当てても育てられる品種も多いが、風通しよく管理する。寒さには弱く、秋には室内に取り込み、休眠期の冬は5～10℃以下にならないように注意する。１日の日の長さが短くなる冬に開花するものが多い。葉挿しや挿し木、株分けなどでふやせる。

生育型	根のタイプ	難易度	原産地
夏型	太根、細根	＊＊＊＊	マダガスカル、南アフリカ など

ファリナケア

K.farinacea

ソコトラ島原産。銀色を帯びた肉厚の葉が対生し、茎の先に赤い小さな筒状花を上向きに多数開く。葉と花のコントラストが美しい。

仙女の舞（せんにょのまい）

K.beharensis

長い柄をもつ三角形の葉は羽状に切れ込み、若葉は軟毛に覆われ淡茶褐色。軟毛は次第になくなりオリーブグリーンの葉色になる。

シルバースプーン

K.bracteata

全体に「仙人の舞」に似ているが、三角や菱形状の葉をもつ「仙人の舞」に対して、本種の葉はスプーン形やスペード状。

冬もみじ

K.grandiflora

切れ込みの深い葉をつける。葉は秋になると次第に橙紅色に染まり、日当たりがよいと色味が冴える。

〈紅葉〉

子宝弁慶（こだからべんけい）

K.daigremontiana

茎は分枝せず、直立して高さ50～60cmになる。長さ10～20cmの葉の縁に小さな子株をつくり、子株が落ちてふえる。

〈子株〉

〈花〉

胡蝶の舞錦

K.laxiflora variegated

「胡蝶の光」とも。黄色の覆輪が入り、寒さにあうと覆輪がピンクに染まり美しい。釣り鐘形のオレンジ色の花を冬に咲かせる。釣り鐘形の花は花茎の先に多数つき、下垂して咲く。

〈子株がついた葉〉

不死鳥

K.hybrid

「錦蝶【きんちょう】」と「子宝弁慶」との交雑種。暗緑色の細い葉の周囲に子株が多数つく。日当たりが悪いと葉色がさえない。「錦蝶」や「子宝弁慶」同様、葉縁に子株がつく。

胡蝶の舞 K.laxiflora

よく分枝して30㎝ほどになる。楕円形の大きな葉は葉縁がクリーム色に染まり、寒冷期日当たりがよいと赤く縁どられる。

天人の舞 K.orgyalis

「仙人の舞」とも。葉は先が尖った卵状へら形で、若葉は褐色の微毛に覆われ、強い日差しを浴びるほど若葉の褐色が濃く現れる。

朱蓮 K.longiflora var. coccinea

茎は太い。倒卵形の葉は対生し、縁に粗い円鋸歯がある。強光線下では朱紅色に染まるが、日照不足では緑色になるので注意。

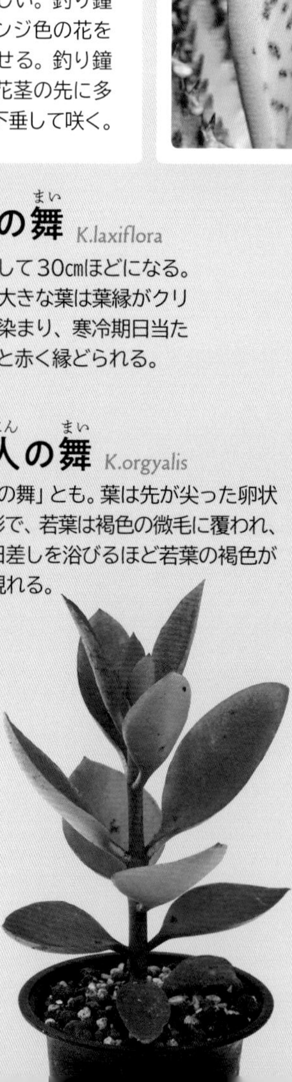

育て方のコツ

花が咲き終わった花茎は切り取る

多肉植物は種類によって開花期が異なるうえに、花期も短いため店頭ではなかなか見られませんが、自分で育てると花も楽しめます。タネを採る必要がないなら、8割程度咲き終わったら、花茎の付け根の少し上で切り取ります。花がらをそのままにすると見苦しいだけでなく、株も消耗します。

ただし、挿し芽をしたばかりの株から花芽が上がってきたときは、花に養分がとられて株の生長が妨げられるため、花芽は切り取ります。なお、花が咲くと親株が枯れてしまうセンペルビウムは、周囲の子株は生き残ります。

写真は「冬もみじ」

ミロッティー
K.millotti

銀灰色の細かい毛に覆われた葉はやさしげな淡い緑色で、縁に鈍い鋸歯がある。小形で寄せ植えなどにも重宝する。

フミリス *K.humilis*

南アフリカ原産。茎が短い小型種で、楕円形の葉に紫褐色の複雑な模様が入るのが魅力。横に広がって群生する。

セイロンベンケイ
K.pinnata

大形に育つ。1枚の葉を壁などにピンで留めておくと葉縁に子株がつくことから、ハカラメ（葉から芽）とも呼ばれる。

袋状の萼の中から花を開く。

紅提灯
K.manginii

南部マダガスカル原産。細い木質の枝を多数出す。葉は光沢のある緑色で、はじめ毛がある。長い鐘形の花を早春に下垂させる。

唐印 K.thyrsiflora (K.luciae)

白粉を帯びた倒卵形の葉が向きあってつき、葉の縁が細い紅色に縁どられる。低温期には株全体が赤く染まり美しく紅葉する。葉挿しはできない。

ロンボピロサ

K.rhombopilos

「扇雀【せんじゃく】」、「姫宮【ひめみや】」とも。銀白色の葉は赤褐色の斑紋があり、縁は小さく波打つ。日当たりがよいと模様が冴える。

錦蝶 K.tubiflora

マダガスカル島南部原産。こげ茶色の斑紋が散らばっている棒状の葉の先端に子株をつけ、子株はポロポロと落ちてふえる。筒状の赤い花を咲かせる。

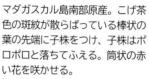

白銀の舞

K.pumila

中部マダガスカル原産。細い茎が直立して10～15㎝になり、白粉に覆われた倒卵形の葉が対生する。花は帯紅紫色。

月兎耳

K.tomentosa

長卵形の葉は、全面に白いビロード状の軟毛をつけ、葉の縁は濃褐色の斑点模様がある。株が充実すると白い花を咲かせる。

黒兎耳

K.tomentosa f. nigromarginatus 'Kurotoji'

高さ7～30㎝。茎葉とも白いビロード状の綿毛に覆われ、葉の縁には黒色の覆輪模様が入る。冬は水やりを控え、5℃以上を保つ。

孫悟空

K.tomentosa 'Songokuu'

月兎耳の変種で、茶色のもこもこした毛に覆われる。過湿を嫌い、夏は葉やけを起こすので遮光し、水やりを控える。

栽培カレンダー ◆カランコエ属

1 2 3 4 5 6 7 8 9 10 11 12（月）

生育状態：生育緩慢 / 休眠 / 生育 / 生育緩慢　開花

置き場所：室内、フレーム、温室（日の当たる窓辺） / 戸外（風通しのよい日なた）

水やり：控えめ（月に1回） / （月に2回霧吹き）または断水 / たっぷり（鉢土が乾いたら）

施肥：液肥（月に1回） / 液肥（月に1回）

作業：植え替え（株分け、タネまき、挿し木、葉挿し、切り戻し） / 植え替え（株分け、挿し木、葉挿し、切り戻し）　殺虫剤散布 / 殺虫剤散布

Monanthes

モナンテス属

〔ベンケイソウ科〕

カナリア諸島、マデイラ諸島に約12種が分布している。属名は「一つの花」の意で、多数の花をつけるのに、基準種polyphyllaの標本が１つの花をつけていたことによる。小型で、多肉質の小さな葉が密集してつくのが特徴で、小さくて目立たない花をつけ、自生地では岩場の割れ目などに生えている。

高温多湿の夏を嫌うので、直射日光を避け、風通しのよい涼しい半日陰に置き、ほとんど断水して管理する。生育期の春と秋は、用土が乾いたらたっぷり水をやる。冬は霜と寒風に当てないようにフレームなどに入れ、５℃以下にならないように保護する。

生育型	根のタイプ	難易度	原産地
冬型	細根	＊＊＊＊	カナリア諸島 など

ポリフィラ *M.polyphylla*

艶のある小さな葉を密につけて群生する。ロゼットの径は1～2㎝。ロゼットの中心から花序を出し、赤色の花をつける。

栽培カレンダー ◆モナンテス属

1 2 3 4 5 6 7 8 9 10 11 12（月）

生育状態：生育緩慢 / 半休眠 / 生育 / 生育緩慢 / 休眠 / 生育 / 生育緩慢　開花

置き場所：フレーム、軒下 / 戸外（風通しのよい） / 戸外（雨よけのある） / 戸外（風通しのよい） / 戸外（※）

水やり：乾かし気味 / たっぷり（鉢土が乾いたら） / 乾かし気味 / たっぷり（鉢土が乾いたら）

施肥：液肥（元肥を施せば追肥は不要） / 液肥（元肥を施せば追肥は不要）

作業：植え替え（タネまき、葉挿し、挿し木、株分け、切り戻し） / 植え替え（タネまき、葉挿し、挿し木、株分け、切り戻し）　殺虫剤散布 / 殺虫剤散布

※風通しのよい日なた

Orostachys

オロスタキス属

〔ベンケイソウ科〕

　約10種が知られる。セダム属とともに日本にも自生している種もある数少ない多肉植物で、愛らしい小型のロゼットを形成する。蒸れに弱いので、夏場の高温多湿に注意し、風通しのよい場所で管理するのがポイント。

　冬と夏は水やりを控える。寒さには比較的強く、霜の降りない暖地では軒下などでも栽培できるものもある。秋に花が咲いた株は枯れるが、ランナーの先に子株をつける種類は子株を切り取ってふやせる。

生育型	根のタイプ	難易度	原産地
春秋型	細根	＊＊＊＊	日本、中国 など

（子持蓮華）
ランナーを出してふえる株。

子持蓮華（こもちれんげ）

O.boehmeri

北海道北部の海岸などに分布。灰緑色の小さなロゼットからランナーを出し、その先に子株をつける姿は愛らしい。

〈花〉

立ち上がった花茎に穂状に花がつく。

ヤツガシラ

O.japonicus f. polycephals

「ツメレンゲ」の一種で、腋生の枝を多数出して子吹き状態になる。ロゼットから塔状に太くて白い花穂を出し、下から花を咲かせる。

金星（きんぼし） O. iwarenge'Kinbosi'

日本原産のイワレンゲの黄覆輪品種。整ったロゼット形を形成し、径7㎝ほど。春に白い花を咲かせるが、開花した後は枯れる。

富士（ふじ） O. iwarenge'Fuji'

日本原産のイワレンゲの白覆輪品種で、秋から冬は斑の色が冴える。ロゼットは径7㎝。春に白い花を咲かせる。

鳳凰（ほうおう） O. iwarenge'Houou'

日本原産のイワレンゲの黄中斑品種。高温多湿に注意し、夏は遮光してできるだけ涼しくし、水やりを減らす。

爪蓮華（つめれんげ）
O.japonicus

関東地方以西の本州と四国、九州に分布。細長い葉の先が刺状に尖っているのを、動物の爪にたとえて名づけられた。

〈花〉

塔状に直立して咲く。花期は10～11月。花後に枯れやすい。

岩上などに生え、夏のロゼットは大きい。披針形の葉の先は針状突起がある。

岩蓮華（いわれんげ）
O.iwarenge

関東地方以西の本州と九州に分布し、かつては屋根の上などに生えているのが見られた。ロゼットは径約10㎝。穂状に花をつける。

〈花〉

爪蓮華錦（つめれんげにしき） O.japonicus f. bariegata

「爪蓮華」の黄斑種。秋に葉先が赤く染まり、花茎を伸ばして白い小さな花を穂状に多数咲かせる。

栽培カレンダー ◆オロスタキス属

	1	2	3	4	5	6	7	8	9	10	11	12(月)
生育状態	休眠	→	生育	→	→	→	→	→	→	休眠	→	→
							開花	→	→	→		
置き場所	戸外（風通しのよい日なた）	→	→	→	→	→	戸外（風通しのよい半日陰）	→	戸外（風通しのよい日なた）	→	→	→
水やり	断水	→	たっぷり（鉢土が乾いたら）	→	→	→	→	控えめ	→	断水	→	→
施肥	（元肥のみで追肥は不要）											
作業			植え替え（株分け、挿し木）	→						植え替え（株分け、挿し木、タネまき）		
			殺虫剤散布						殺虫剤散布	→		

Pachyphytum
パキフィツム属

〔ベンケイソウ科〕

メキシコ原産で約10種が知られ、エケベリアに似ている。葉がぷっくりとふくれたものや株全体に白い粉をふくものが多く、茎が立ち上がるので株が乱れてきたら仕立てなおすとよい。寒さには強く、関東地方以西なら軒下で越冬できる。生育は春秋型で、日当たりと風通しのよい場所で管理して締まった株に育てる。真夏は生長が鈍るので、水やりを控えて半日陰で管理する。粉がつくタイプは葉に水がかからないように注意する。

生育型	根のタイプ	難易度	原産地
春秋型	細根	★☆☆☆	メキシコ

星美人 *P.oviferum*

倒卵形の葉は白粉を帯びた青緑色だが、葉先や葉縁は濁った淡紫紅色を帯びている。寒さにあうと赤紫色に紅葉する。

アメチスチヌム *P.ametistinum*

ぷくぷくした肉厚の葉はピンクを帯び、紅葉するときれいな紫色になり、一段と美しい。高温多湿に弱いので蒸れに注意する。

ブレーヌ *P. glatinicaule*

ぷっくりとふくらんだ肉厚の葉は灰青色で、葉先が少し紫色に染まり、寒冷期には一段と葉色が冴える。

育て方のコツ
斑入り葉の品種をふやす

斑が入った部分の葉を葉挿ししても、斑が出ない品種もあります。胴切り（➡P23）した株から芽吹いた子株を切り取って挿し木すると、案外簡単に斑入り株をふやすことができます。

星美人錦 *P.oviferum f.variegata*

「星美人」の斑入り種。生長すると茎を立ち上げ、子株が出て群生する。写真は胴切りした株から芽吹いた斑入りの子株。

月美人 *P.oviferum*

星美人の仲間で、葉色や葉形に変異があるものを「月美人」や「桃美人」と呼ぶ。葉は紅葉するとピンクに染まる。

紫麗殿 *P.'Shireiden'*

淡灰紫色の葉は厚みのある倒卵形で、先端はやや尖っている。低温期には葉の紫色がやや濃くなる。開花時は高さ20㎝ほど。

Pachyveria
パキベリア属

〔ベンケイソウ科〕

パキフィツム属とエケベリア属との属間交配種で、エケベリア属に近い形態のものが多く出回る。日本でも作出されて品種は年々増えている。寒さに強く、関東地方以西の暖地では軒下で越冬できる。梅雨期から夏は水を控えて乾かし気味に管理するが、葉に少ししわが寄ってきたら水やりのタイミングである。

生育型	根のタイプ	難易度	原産地
春秋型	細根	＊＊＊＊	交配種

立田（たつた） P.'Cheyenne'

「シャイアン」とも。白粉を帯びた肉厚の葉を重ね、紅葉期にはうっすらとピンクに彩られる。生長すると株元に子株をつくる。

エキゾチカ P.'Exotica'

青みを帯びたグリーンの葉が美しく、寒冷期は先端から赤みを帯び、さらに美しくなる。風通しよく管理し夏の蒸れから守る。

霜の朝錦（しものあしたにしき） P. cv.'Simonoasita' f. variegate

「パウダーパフ」とも呼ばれる、肉厚で白粉を帯びた青白い葉をつける「霜の朝」の斑入り品種で、葉の縁がピンクに紅葉する。

立田錦（たつたにしき） P.'Cheyenne'f. variegata

「立田」の斑入り種で、肉厚の細長い葉に白っぽい条斑が入る。秋から冬は全体がピンクに染まって美しい。

栽培カレンダー

◆パキフィツム属 ◆パキベリア属

	1	2	3	4	5	6	7	8	9	10	11	12(月)
生育状態	休眠		生育 / 開花				半休眠		生育			生育緩慢
置き場所	フレーム、屋内（日当たりのよい窓辺）		戸外（風通しのよい日なた）									
水やり	霧吹き（月2回）		たっぷり（鉢土が乾いてから2〜3日後）				乾かし気味		たっぷり（鉢土が乾いてから2〜3日後）			
施肥				液肥（元肥を施せば追肥は不要）					液肥（元肥を施せば追肥は不要）			
作業			植え替え（タネまき、挿し木、葉挿し、株分け、切り戻し） / 殺虫剤散布						植え替え（タネまき、挿し木、葉挿し、株分け、切り戻し） / 殺虫剤散布			

Sedum

セダム属

〔ベンケイソウ科〕

世界各地に広く分布し、日本には約34種が自生する。よく知られるポピュラーなものが多く、寄せ植えなどに使われて人気がある。

落葉種や常緑種、1年草から多年草まである大きなグループで、種類によって性質が異なるが、春秋型で、寒さに強く関東地方以西なら屋外で越冬する丈夫なものも多数ある。夏の直射日光を嫌うので、夏は雨を避け、半日陰で風通しよく水を控えて管理する。植え替えは春か秋に行い、挿し芽は秋が適期。

生育型	根のタイプ	難易度	原産地
春秋型	細根	****	世界各地

アラントイデス

S.allantoides

メキシコ原産。草丈は15～20㎝。茎葉は粉を帯びた青白～緑白色で、先が丸い棒状の葉をつける。一年を通して強光線を好む。

ヒスパニクム S.hispanicum

「薄雪万年草【うすゆきまんねんぐさ】」と呼ばれるもので、紅色を帯びる茎に多少毛がある。下部で分枝して線形のぷっくりした葉を多数つける。

バエチクム

S.hirsutum ssp. baeticum Winklerii

「ウィンクレリー」とも。触るとべたつく明るい葉が特徴で、ランナーを出してふえる。夏の高温多湿に弱いので注意。春から初夏にかけて白い愛らしい花を開く。

〈花〉

コーラルカーペット

S.album 'Coral Carpet'

アルブム種の中では大型の部類に入り、カーペット状に広がる。低温期には赤紫色に紅葉し、名前に違わない美しさを見せる。

アルブム S.album

シロバナマンネングサとも。マット状に広がり、夏に円錐状の花序に白色の5弁花を開く。多くの園芸品種がある。

玉蓮（ぎょくれん） S.furfuraceum

「群毛豆【ぐんもうづ】」とも。10～15㎝に育ち、分枝する枝に白い模様のある濃緑色の小豆形の丸い葉をつける。夏に白い星形の花をつける。

緑亀の卵（みどりがめのたまご）

S.hernandezeii

表面がざらついて、ひび割れしたような感じがある濃緑色の卵形の葉が多数つく。日照不足だと徒長して色がさえないので注意。

黄麗（おうれい） S.adolphi

メキシコ原産で、「月の王子」とも。高さ15㎝。若緑色の葉の先が赤みを帯びる。冬は3℃以上を保つ。

玉綴り S.marganianum

メキシコ原産。白い粉を帯びた葉が連なって垂れ下がり、長さ20〜30㎝になる。寒さに弱いので冬は室内に置く。夏から秋に、垂れ下がる茎の先に薄紅色の花をつける。

サンライズマム S.sunrise mom

「イエロームーン」、「新立田【しんたつた】」とも。紅葉すると日の出を連想させるオレンジから赤に染まる。茎挿しや葉挿しで容易にふやせる。

メキシコマンネングサ

S.mexicanum

原産地不明の帰化植物。円柱状線形の葉がふつう４輪生だが、花茎の葉は互生。直立して10〜15㎝になり、濃黄色の花が密につく。

チョコレートボール

S.hakonense'Chocolate ball'

樹上に着生して育つマツノハマンネングサの園芸品種といわれているもので、松葉のような葉が暗茶褐色に染まる。黄色い花が株を覆うように多数咲く。

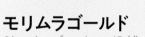

〈花〉

黄金丸葉万年草

S.makinoi'Ogon'

日本原産の「マルバマンネングサ」の一品種といわれ、育てやすい。高温や乾燥に強く、低温にも耐えるので冬越しは容易。

ヒントニー S.hintonii

丸みを帯びた青緑色の葉に白毛が密生する。はじめはロゼット状だが次第に茎を伸ばす。春に花茎を伸ばし、星形の白い花を開く。

モリムラゴールド

S.japonicum f. morimurae'Gold'

日本原産のメノマンネングサの変種なので、丈夫で育てやすく、よくふえる。黄金色の葉は、一見すると花のように美しい。

銘月 S.adolphii

メキシコ原産。「名月」とも。直上、あるいは斜上し高さ20〜30㎝。黄緑色を帯びた披針形の葉は強光下や低温下で濃黄色になる。

〈紅葉〉

オーロラ

S.rubrotinctum f. variegate

「虹の玉」の斑入り種で、葉の緑色が薄く斑はそれより冴えた赤色になる。紅葉時はさらに濃く色づく。丈夫で戸外でも育つ。

トリカラー *S. supurium'Tricolor'*

コーカサスキリンソウの覆輪品種で、白斑にピンク色が入り、紅葉時はピンク色が濃くなる。寄せ植えなどに利用される。

白雪（しらゆき）ミセバヤ

S.spathulifolium ssp. pruinosum

青みを帯びた銀灰色の葉が小さなロゼット状になり、茎の先に黄色い花を多数開く。秋には葉先が紅葉し、春に新芽を出す。

〈新芽〉

〈紅葉した冬姿〉

虹（にじ）の玉（たま）

S.rubrotinctum

やや硬い茎に短い棍棒状の赤い葉をつける。春～夏の生育期は緑色で、秋～冬に水を控えて強光線に当てると美しく紅葉する。

薄化粧（うすげしょう）

S.palmeri

メキシコ原産。草丈10～15㎝。茎の先に白粉を薄く帯びた葉が重なってつき、茎は直立や斜上、あるいは下垂して分枝する。冷涼期には外葉が赤く色づく。

〈花〉

茎の先から花茎を出し、星形に開く黄色い花を多数つける。

真珠星万年草

S.pallidum var. bithynicum

ヨーロッパ原産の帰化植物。円柱状の細い葉は青みを帯びた淡緑色で互生する。春～初夏に星形に開く5弁の白い花を多数つける。

コーカサスキリンソウ

S. supurium

草丈10㎝で、茎は匍匐【ほふく】してよく分枝し、一株が60㎝以上にも広がる。ピンクやクリーム色の斑が入るものなど、品種が多い。

ドラゴンズブラッド

S.spurium'Doragon's Blood'

コーカサスキリンソウの銅葉品種で、匍匐【ほふく】してカーペット状に広がる。夏の高温期は葉色が緑に変化する。

〈低温期の苗〉

乙女心

S.pachyphyllum

「アツバベンケイ」とも。低木状になり、2㎝前後の黄緑色の棒状の葉をつける。日照不足では葉先の紅色の発色が悪くなる。

〈花〉

2～3月、頂部に近い葉腋より花序を伸ばし、黄色い花をつける。

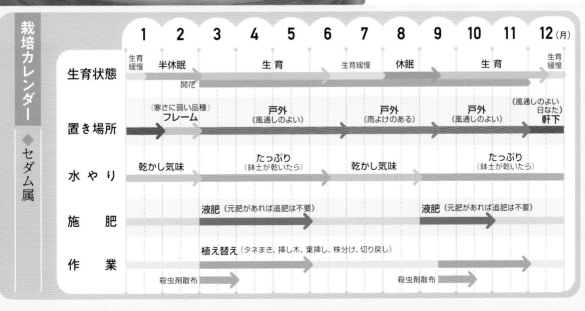

栽培カレンダー ◆セダム属

	1	2	3	4	5	6	7	8	9	10	11	12（月）
生育状態	生育緩慢	半休眠（開花）	生育			生育緩慢		休眠	生育			生育緩慢
置き場所	フレーム（寒さに弱い品種）		戸外（風通しのよい）			戸外（雨よけのある）			戸外（風通しのよい）		軒下（風通しのよい日なた）	
水やり	乾かし気味		たっぷり（鉢土が乾いたら）			乾かし気味			たっぷり（鉢土が乾いたら）			
施肥			液肥（元肥があれば追肥は不要）						液肥（元肥があれば追肥は不要）			
作業		殺虫剤散布	植え替え（タネまき、挿し木、葉挿し、株分け、切り戻し）					殺虫剤散布	植え替え			

Sempervivum
センペルビウム属

〔ベンケイソウ科〕

ヨーロッパからコーカサス、中央ロシアの山岳地帯に分布している、ロゼットタイプの多肉植物で、交雑しやすいため数千の園芸品種があるといわれる。

耐寒性があるので、ロックガーデンや石垣などに植え込まれ、戸外での越冬も可能だが、夏の高温と蒸れに弱いので、夏は雨よけをして50%程度遮光し、水を控えて涼しく過ごさせる。秋から春は日当たりと風通しのよい場所で管理し、春先に植え替える。子株を切り取ってふやす。

生育型	根のタイプ	難易度	原産地
春秋型	細根	＊＊＊＊	ヨーロッパ中南部の山地 など

ガゼル S.'Gazelle'

緑色と紅色の葉がロゼット状に広がり、全体を白い綿毛が覆う。晩秋には赤く紅葉し、寒さに強いので戸外で越冬できる。

コンプト・デ・コンガエ

S.'Compte de Cogae'

ちょっとエケベリアを思わせる葉は、寒冷期には黒紫色を帯びる。乾燥と低温に強く、周年戸外で栽培できる。

〈冬姿〉

紫系の葉色が一段と冴える。

巻絹（まきぎぬ）

S.arachnoideum

和名は「蜘蛛巣万代草【くものすばんだいそう】」。葉先から白い糸を出し、ロゼットの上面がクモの巣をかけたように白く覆われる。

〈花〉

花茎の先に10個前後のピンクの花がつく。

藤（ふじ）つぼ

S.'Fujitubo'

中型で、葉先がチョコレート色に染まり、葉全体に産毛のような繊毛が生えている。紅葉して寒冷期は赤茶けている。

〈紅葉した冬姿〉

紅薫花
S.tectorum var.

自生地は中央ヨーロッパ。鮮緑色の葉がロゼット状になり、葉先は黒紫色。花は夏咲きで淡紅色。夏の高温多湿に注意する。

大型巻絹
S.arachnoideum cv.

巻絹系の交配種で大型の系統。ランナーの先につく子株も、小さなときからクモの巣状になる。戸外で栽培可能。

綾桜
S.simbriatum

緑の葉先が赤く染まる。葉色の特徴が表れるのは春～秋にかけてで、生長すると株元から子株ができる。

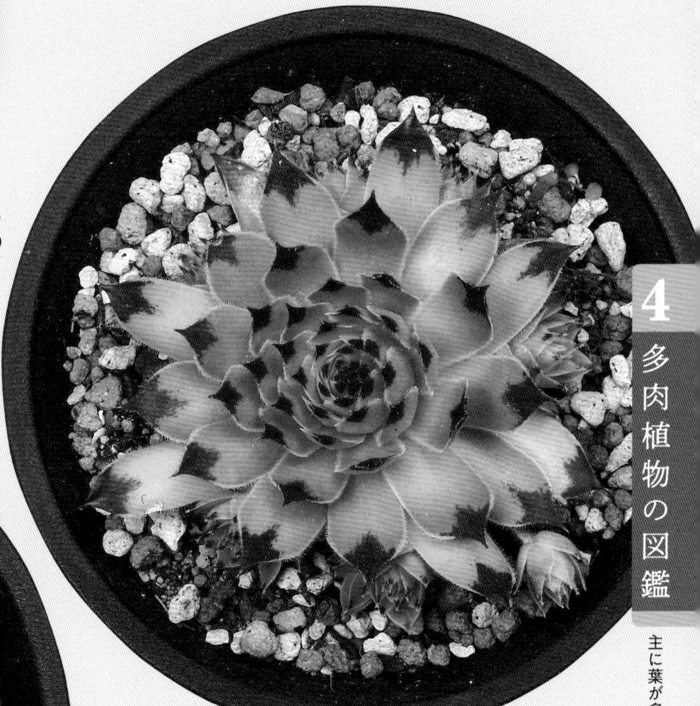

ザ・ロケット
S.'The Rocket'

赤いセンペルビウムで、寒冷期は色が冴えてさらに美しい。

市女笠
S.heuffeii 'Itimegasa'

中型種で、先が尖った明るいグリーンの葉は全体に産毛のような繊毛が生える。夏は直射日光を避け、冬は室内に置く。

テクトルム

S.tectorum

和名は「屋根万代草【やねばんだいそう】」。葉は倒卵状披針形で、緑色の葉先が紫紅色に染まる。ヨーロッパでは屋根の上などに植えられている。

ルブリン

S. hyb,

ロゼット状に広げた葉の中から茎を伸ばして立ち上がる。紫紅色の葉は寒さにあうと赤みがまし、一段と美しくなる。

〈花〉

ソポト

S. hyb,

ロゼット状に広げた葉の中から茎を伸ばして、冬に花茎の先に淡桃色の花をつける。葉も萼片も微毛に覆われている。耐寒性は強い。

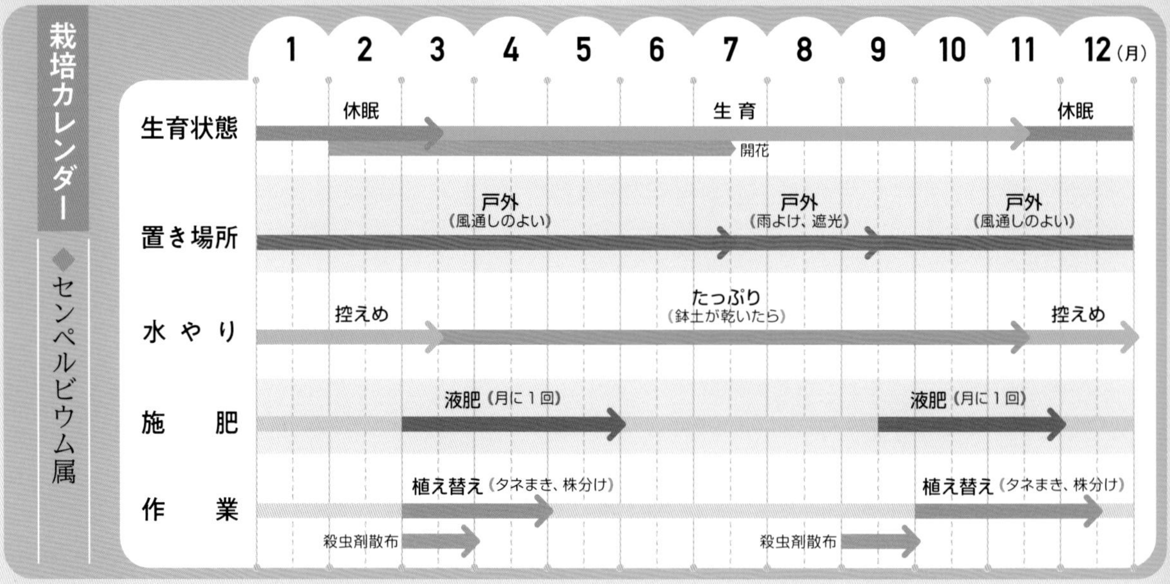

〈子株〉

Sinocrassula
シノクラッスラ属

［ベンケイソウ科］

耐寒性がある小型の多肉植物で５種が知られる。雄しべが花弁と同数の５個で、ロゼットの葉をつけるのが特徴。中国の雲南省からヒマラヤ地方の冷涼な高山に自生しているので、日本の夏の高温多湿が苦手。初夏から夏は、風通しのよい場所で乾燥気味に管理する。花を咲かせた株は枯れるが、株の周りにできる子株をふやすことができる。冬は日当たりのよい室内やフレームに入れて、水を控えて乾燥気味に保ち、凍らないように管理する。

生育型	根のタイプ	難易度	原産地
夏、春秋型	細根	＊＊＊＊	中国

四馬路（すまろ）
S.yunnanensis

中国の雲南原産。ツメレンゲのような葉は黒みを帯びた濃緑色で、ロゼット状に密について群生する。日に当たると漆黒になる。

インディカ S.indica

先が尖った舟形の葉がロゼット状につき、高さ4㎝ほどの愛らしい小型種。秋には真っ赤に紅葉する。子株を出してふえる。

栽培カレンダー ◆シノクラッスラ属

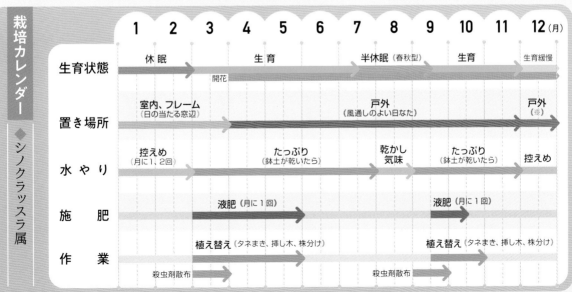

	1	2	3	4	5	6	7	8	9	10	11	12(月)
生育状態	休眠		生育 / 開花				半休眠（春秋型）		生育			生育緩慢
置き場所	室内、フレーム（日の当たる窓辺）			戸外（風通しのよい日なた）								戸外（※）
水やり	控えめ（月に1、2回）		たっぷり（鉢土が乾いたら）					乾かし気味	たっぷり（鉢土が乾いたら）			控えめ
施肥			液肥（月に１回）							液肥（月に１回）		
作業			植え替え（タネまき、挿し木、株分け） / 殺虫剤散布							植え替え（タネまき、挿し木、株分け） / 殺虫剤散布		

※霜や寒風の当たらない戸外

Aptenia
アプテニア属
〔ハマミズナ科〕

南アフリカのケープ州南部からトランスバール州ピーターズバーグまでの、地中海性気候の温暖な地域に2種が分布する。暑さに強く、真夏の炎天下でつる状に茎を伸ばして地面を覆うようによく育つので、夏の花壇植えに向く。常緑の卵形の葉は光沢があり、夏中次々と鮮やかな赤紫の花を開く。

寒さには比較的強く、無霜地帯なら戸外でも越冬できる。ただし、斑入り種はフレームなどに入れて、水を控えて5℃以下にならないように管理する。

生育型	根のタイプ	難易度	原産地
春秋型	細根	＊＊＊＊	南アフリカ

コーディフォリア バリエガタ
A.cordifolia 'Variegata'

白覆輪の「花蔓草」で、涼しくなると葉縁がピンクに染まってさらに美しくなる。日陰だと花が咲かなくなるので注意する。

〈花〉

花蔓草（はなつるくさ）
A.cordifolia

つる状で軟らかな枝が分枝して地面を這い、細かい乳状突起に覆われた鮮緑色のハート形の葉をつける。夏に紫紅色の花を開く。

ベビーサンローズ
A.cordifolia f. Variegata

この名で流通する斑入り種もある。

栽培カレンダー ◆アプテニア属

	1	2	3	4	5	6	7	8	9	10	11	12（月）
生育状態	生育緩慢	半休眠	生育				生育緩慢	休眠	生育			生育緩慢
											開花	
置き場所		フレーム、室内	戸外（風通しのよい日なた）				戸外（雨よけのある）		戸外（風通しのよい日なた）			
水やり	乾かし気味		たっぷり（鉢土が乾いたら）				乾かし気味			たっぷり（鉢土が乾いたら）		
施肥			液肥（元肥を施せば追肥は不要）						液肥（元肥を施せば追肥は不要）			
作業			植え替え（タネまき、葉挿し、挿し木、株分け、切り戻し）						植え替え			
		殺虫剤散布						殺虫剤散布				

Conophytum

コノフィツム属

〔ハマミズナ科〕

メセンと呼ばれるグループの代表的存在で、約290種が分布する。2枚の葉が合着して、ほとんど球形に近い形になり、「足袋形」、「鞍形」、「丸形」の3タイプに大別される。鮮やかな花や葉色の模様、葉の透明度など品種によってさまざま。

ふつう一年に1度、初秋に脱皮して新しい葉が出る。生長期は秋から春で日当たりのよい場所で管理する。夏は休眠するので断水し、秋口になったら少しずつ水やりを開始する。冬はフレームなどに入れて霜から守る。

生育型	根のタイプ	難易度	原産地
冬型	細根	＊＊＊＊	南アフリカ、ナミビア など

宝殿 C.'Houden'

「宝殿玉【ほうでんぎょく】」とも。底白の紫紅色の花を咲かせる。

少将 C.bilobum

大型の足袋形種。灰緑色で高さ3～4.5㎝で、裂片はV字形になる。秋に径3㎝内外の黄色い花が咲く。昼咲き性。

うぶ毛ビロブム C. bilobum

種小名は「2裂する」の意味。灰緑色の艶消しの肌に微毛が生える。裂葉の先端に赤い縁取りが入る。

ブルゲリ C.burgeri

有窓種【ゆうそうしゅ】で高さと径は3㎝前後。植物体は半透明のドーム形で、頂部が丸みを帯びる。明るい緑色で、晩春の休眠前に赤色に変わる。

寂光 C.frutescens

足袋状形で、灰緑色の滑らかな葉先が紅色に染まる。古くなると幹の高さが15㎝にもなる。花は橙紅色で、初夏咲き。

花園 C.'Hanazono'

足袋形の中型品種。丈夫で夏越しもしやすいので、初心者にも向く。赤やオレンジ色の鮮やかな花色が魅力。

黄色の花を咲かせる「花園」のひとつ。

群碧玉（ぐんぺきぎょく）
C.minutum

南アフリカ原産。小型種だが、青緑色の葉を群生させ、株の径は20㎝になる。秋に紫紅色の花を開く。花径1.8㎝。

ロンガム
C.Ophthalmophyllum longum

みずみずしい緑色の肌をもつ円筒形で、頂部は半透明で角ばった長楕円形。秋～冬に、淡いピンク～白の花を咲かせる。

オペラローズ
C.'Opera Rose'

ハート形の葉がやや長く伸びる足袋形の小型種で、育てやすい。鮮やかなピンクの大輪花を咲かせる人気種のひとつ。花は昼咲き。

水滴玉（すいてきぎょく）
C.minutum

ほぼ球状の葉の表面に小さな斑点が少数入り、愛らしい姿で人気がある。秋に淡いピンクの花をまばらに咲かせる。

ペルシダム
C.pellucidum ssp.

小型の短円筒形の有窓種。南アフリカの広範囲に自生しているので、窓の模様や肌色などはさまざま。底が黄色の白い花を咲かせる。

マウガニー
C.maughanii

長卵形で明るい緑の葉が、晩秋頃から赤みを帯びはじめ、寒冷期にはさらに赤く染まって美しい。白い花を咲かせる。

ヒリイ *C. hilli* 小型の丸い形が特徴で、葉に模様が入る。

レウカンタム *C.leucanthum*
葉は明るい緑色の細長い足袋状形で、高さ8㎝、株径20㎝の大型種。肌にはほとんど斑点がない。秋に白花を開く。

育て方のコツ

枯皮を被った休眠期は完全断水でも大丈夫

春、コノフィツムの新しい葉が大きく生育する頃になると、外側の古い皮が黄ばんでしわしわになります。リトープスと違ってコノフィツムはこの皮を被ったまま休眠に入ります。一見するとこのまま枯れてしまうのではないかと思うほどですが、乾燥した古い皮に守られて8月下旬まで休眠しますから、強光を避けて日陰の涼しいところに置けば完全断水でもかまいません。

休眠中に水をやりすぎたり、暑い場所に置くと根腐れを起こし、秋になっても生育をはじめないので、休眠中の管理に注意しましょう。

（コノフィツム‘オペラローズ’）
皮をかぶって休眠する。

（コノフィツム　ロンガム）
皮を破って休眠から覚めた。

〈花〉

ルイーザエ *C.luisae*
高さ1.8～2.8㎝、幅1.5～2㎝。ハート形で、青緑色から灰緑色まであり、頂面の縁と割れ目の両側が赤くなる。団塊状の叢生株になる。花は黄色。

雛鳩（ひなばと）

C.velutinum
C.'Hinabato'

青緑色の卵形の小型種で、葉は高さ1.5㎝～1.8㎝。底白の濃いピンクの美しい花を咲かせる。花の径は2㎝で昼咲き性。

祝典（しゅくてん） C.'Syukuten'

比較的大型種で、肥大した2枚の葉の凹んだ部分が深い足袋型で、群生して見事な株になる。花は赤に近いオレンジで、昼咲き。

プベルルム

C.puberulum

青緑色の長いハート形の葉をつけ、黄色の花を開く。

ベルコースム

C. (Ophthalmophyllum) verrucosum

やや圧縮された赤茶色の円筒状で、軟らかい肌をもち、頂面に小さな突起が多数ある。あまり群生することはない。光沢のある白い花は径3㎝。

〈花〉

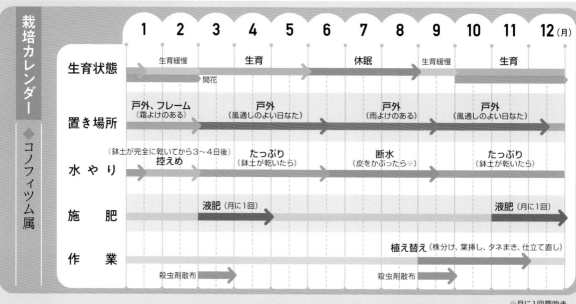

栽培カレンダー ◆コノフィツム属

	1	2	3	4	5	6	7	8	9	10	11	12（月）
生育状態	生育緩慢		生育			休眠			生育緩慢	生育		
	開花											
置き場所	戸外、フレーム（霜よけのある）		戸外（風通しのよい日なた）				戸外（雨よけのある）			戸外（風通しのよい日なた）		
水やり	控えめ（鉢土が完全に乾いてから3～4日後）		たっぷり（鉢土が乾いたら）			断水（皮をかぶったら※）				たっぷり（鉢土が乾いたら）		
施肥			液肥（月に1回）								液肥（月に1回）	
作業									植え替え（株分け、葉挿し、タネまき、仕立て直し）			
			殺虫剤散布						殺虫剤散布			

※月に1回霧吹き

Delosperma

デロスペルマ属

〔ハマミズナ科〕

南西アフリカ、南アフリカ、旧ローデシア、アラビア半島などに約140種が自生する。葉は扁平、3稜形、円筒形などさまざまで、葉面は平らか乳頭状突起に覆われる。マツバギクと近縁のものは、寒さに強いので「耐寒マツバギク」とも呼ばれる。丈夫で、地面を這ってよく広がるので、グラウンドカバーなどにも利用される。

暑さ寒さに強く、夏から秋まで次々と花を開く。冬期は生長しないが、－15℃までは耐えられる。

生育型	根のタイプ	難易度	原産地
夏、春秋型	細根	＊＊＊＊	南アフリカ など

ファイヤー・スピナー

D.'Fire Spinner'

交配種で、黄色とオレンジのバイカラー咲き。秋も深まり気温が下がると、花色も一際鮮明になる。

黄金の座（こがねのざ） D.nubigena

草丈5～10㎝。濃緑色の幅広の三角錐状の葉をつけ、横に這ってマット状に広がる。寒さに強く冬は赤紫色に紅葉する。花は鮮黄色。

雷童（らいどう） D.echinatum

南アフリカ・ケープ州原産。高さ30㎝ほどでよく分枝して群生する。枝には半透明の白い乳頭状突起があり、若葉の時は特に美しい。

〈花〉

スパルマントイデス

D.sphalmantoides

青白色の棍棒状の細長い葉をつけ、マット状に群生するので高温多湿に弱い。夏は遮光して水やりを控える。花は紫紅色で早春咲き。

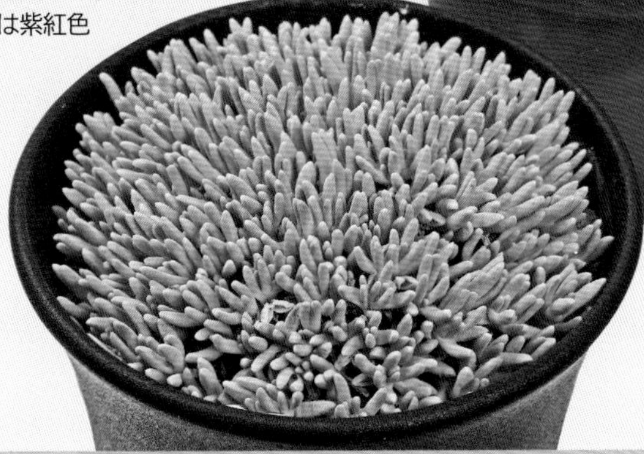

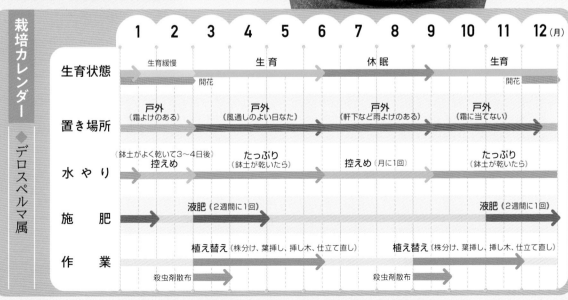

栽培カレンダー ◆デロスペルマ属

	1	2	3	4	5	6	7	8	9	10	11	12（月）
生育状態	生育緩慢		生育				休眠			生育		
	開花											開花
置き場所	戸外（霜よけのある）		戸外（風通しのよい日なた）				戸外（軒下など雨よけのある）			戸外（霜に当てない）		
水やり	（鉢土がよく乾いて3～4日後）控えめ		たっぷり（鉢土が乾いたら）				控えめ（月に1回）			たっぷり（鉢土が乾いたら）		
施肥	→		液肥（2週間に1回）								液肥（2週間に1回）	
作業			植え替え（株分け、葉挿し、挿し木、仕立て直し）						植え替え（株分け、葉挿し、挿し木、仕立て直し）			
			殺虫剤散布						殺虫剤散布			

Echinus (Braunsia)

エキヌス（ブラウンシア）属

〔ハマミズナ科〕

小型のメセンの仲間で、南アフリカ南部に5種が自生している小さな属で、ブラウンシア属にされることもある。多肉質の小型の葉をつけた茎が立ち上がるか匍匐（ほふく）してやや大きく育ち、冬から早春にピンクの花を開く。

比較的寒さにも強く、関東以西の暖地なら霜よけをすれば通年戸外で栽培できる。生育期はよく日に当てるが、夏は強い日差しと雨を避けて風通しのよい半日陰に置き、水やりを控える。冬は0℃以上を保つ。

生育型	根のタイプ	難易度	原産地
冬型	細根	＊＊＊＊	南アフリカ

〈花〉 花の直径は2㎝ほど、株を覆うほど多数つく。

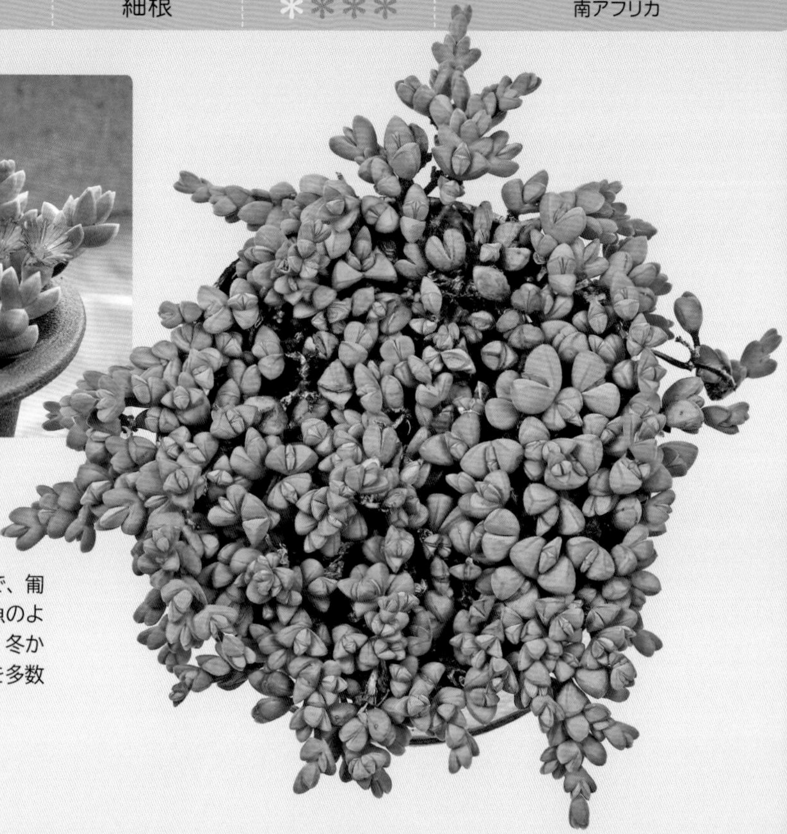

碧魚連（へきぎょれん）

E.maximiliani

茎の長さ15〜20㎝で、匍匐するか下垂する。魚のような小さな葉をつけ、冬から早春にピンクの花を多数咲かせる人気種。

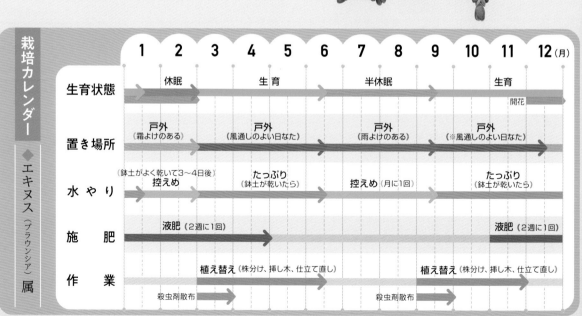

栽培カレンダー ◆エキヌス（ブラウンシア）属

	1〜2月	3〜5月	6〜8月	9〜12月（月）
生育状態	休眠	生育	半休眠	生育（11〜12月 開花）
置き場所	戸外（霜よけのある）	戸外（風通しのよい日なた）	戸外（雨よけのある）	戸外（※風通しのよい日なた）
水やり	控えめ（鉢土がよく乾いて3〜4日後）	たっぷり（鉢土が乾いたら）	控えめ（月に1回）	たっぷり（鉢土が乾いたら）
施肥	液肥（2週に1回）（1〜4月）			液肥（2週に1回）（11〜12月）
作業	殺虫剤散布（3月）	植え替え（株分け、挿し木、仕立て直し）（3〜6月）	殺虫剤散布（9月）	植え替え（株分け、挿し木、仕立て直し）（9〜11月）

※霜に当てない

〈花〉
花は黄色で径4cm。

Faucaria
フォーカリア属

〔ハマミズナ科〕

ケープ州東部とカルーの丘陵地帯に約33種が分布する。初めは無茎で、古株になると幹が伸びて分枝する。比較的育てやすいメセンの仲間で、三角状に開いた葉の縁にノコギリの歯のような刺が多数あるのが特徴で、主に黄色い花を開く。高温多湿に弱いので、風通しをよくして雨にあてないように注意し、夏は断水するか、水やりを少なくするのがポイント。寒さには強いが、冬は霜に当てないようフレームや室内に取り込んだほうが安心。

生育型	根のタイプ	難易度	原産地
冬型	細根	＊＊＊	南アフリカ

荒波 F.tuberculosa
【あら なみ】

肉厚のひし形の葉は長さ2cm、3〜4対密に重ねる。濃緑色で葉縁に鋭い鋸歯が3〜4対あり、葉の表面に瘤状突起が連なる。

〈花〉

怒涛
【ど とう】
F.tuberculosa

「荒波【あらなみ】」の変種。葉の表面にある瘤状の突起の瘤が大きく、起伏も激しく、歯状突起も多数つき、さらに荒々しく見える。

四海波 F.tigrina
【し かい なみ】

本属の代表的存在の強健種。灰緑色で、菱形の葉に多数の白点が入り、鋭い鋸歯をもち、対生する。葉は密に重なる。花は径5cmで、輝くような黄色。

栽培カレンダー フォーカリア属		1	2	3	4	5	6	7	8	9	10	11	12 (月)
	生育状態		休眠※				生育						休眠※
				開花									
	置き場所		室内		戸外（風通しのよい日なた）			戸外（雨よけのある）		戸外（※風通しのよい日なた）			室内
	水やり		（月に2回）霧吹き		たっぷり（鉢土が乾いたら）			（月に2回）霧吹き		たっぷり（鉢土が乾いたら）			
	施肥				液肥（2週間に1回）						液肥（2週間に1回）		
	作業				植え替え（株分け、葉挿し、挿し木、仕立て直し）					植え替え（株分け、葉挿し、挿し木、仕立て直し）			
			殺虫剤散布						殺虫剤散布				

※5℃以下なら休眠しない　※霜に当てない

Gibbaeum

ギバエウム属

〔ハマミズナ科〕

南アフリカのケープ州の丘陵地帯に21種が分布する。無茎種と有茎種がある。葉の形は左右不揃いで、球形のものから細長いもの、円錐葉まで変化に富み、花色も白、黄、紫紅色などさまざまある。葉は年中絶えることがなく、分球して群生するので、繁殖は容易。

夏の管理がポイントで、風通しのよい半日陰に置いて、完全に断水して休眠させるとよい。冬は関東地方以西では軒下などの戸外に置くことができる。

生育型	根のタイプ	難易度	原産地
冬型	細根	＊＊＊＊	南アフリカ

無比玉（むひぎょく） *G.dispar*

卵形の葉は白緑色で、不揃い。一対の葉の中央が開いて新しい葉が出る。花径2.5㎝のピンクの花が秋から冬に咲く。

春琴玉（しゅんきんぎょく） *G.petrense*

小型の球体で、肌は白緑色。長さ1㎝ほどの葉が2、3対開き、多数の枝ができて群生株になる。新葉の腋にピンクの花を開く。

苔蘚玉（だいせんぎょく） *G.shandii*

「銀鮫【ぎんさめ】」とも。先端が開いた卵形または円筒形の葉は不揃いで、微毛に覆われている。生長の末期に2～3対になる。花は赤みを帯びた桃色。

栽培カレンダー

◆ギバエウム属 ◆プレイオスピロス属

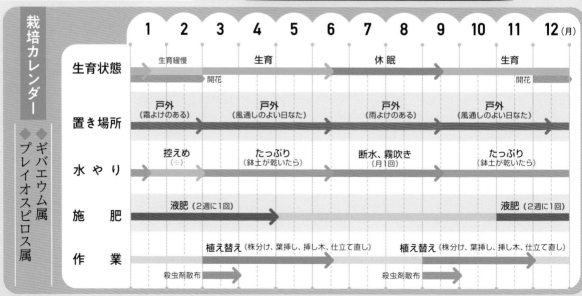

	1	2	3	4	5	6	7	8	9	10	11	12(月)
生育状態	生育緩慢		開花	生育			休眠			生育	開花	
置き場所	戸外（霜よけのある）			戸外（風通しのよい日なた）			戸外（雨よけのある）			戸外（風通しのよい日なた）		
水やり	控えめ（※）			たっぷり（鉢土が乾いたら）			断水、霧吹き（月1回）			たっぷり（鉢土が乾いたら）		
施肥	液肥（2週に1回）										液肥（2週に1回）	
作業	殺虫剤散布		植え替え（株分け、葉挿し、挿し木、仕立て直し）					殺虫剤散布	植え替え（株分け、葉挿し、挿し木、仕立て直し）			

※鉢土が完全に乾いてから3～4日後

（トップレッド）➡P96

Lithops

リトープス属

〔ハマミズナ科〕

「生きた宝石」とも呼ばれる玉ものメセン。葉に色とりどりの模様をつけて、石に擬態をして動物の食害から身を守っている。夏は休眠し、休眠に入る前に、外側の古い葉がしおれて中から新しい葉を出し、脱皮を繰り返しながら少しずつ育つ。

日光を好むので日当たりと風通しのよい場所に置き、夏は遮光した涼しい半日陰で適度に湿気を与える。秋の生育期になったら徐々に水やりを開始する。冬に水を与えすぎると腐ることがあるので、乾かし気味に管理したほうがよい。

生育型	根のタイプ	難易度	原産地
冬型	細根	＊＊＊	南アフリカ、ナミビア など

キンバリーオーレア *L.fulviceps f. aurea*

「黄微紋【きびもん】」とも。低い倒円錐形で、緑黄色の頂面に狭くて浅い割れ目がある。

〈花〉

日輪玉（にちりんぎょく） *L.aucampiae*

丈の低い倒円錐形で、高さ2㎝、径2.2㎝。葉は赤褐色で、割れ目は浅い。平らな頂面に黒褐色の線と斑点模様が入り、秋に黄色の花を咲かせる。

網目巴里玉（あみめばりぎょく）

L.hallii

「巴里玉」からの選抜品種とされるが、「富貴玉」系や「レッドブラウン」の交配種とも。赤褐色の窓に入る網目模様が魅力。花は黄色。

育て方のコツ
夏は休眠させずに水を与えよう

リトープスもコノフィツム同様「脱皮」をしながら新旧交代していく植物です。ただし、リトープスはコノフィツムと違って完全に皮を被らないため、年に2、3回脱皮することがあります。特に小苗の時期は5～6回も脱皮します。

休眠期や脱皮の期間は断水させるといいますが、リトープスは休眠をさせないほうがよい結果が得られます。夏場でも水分は必要ですが、やり方のわからない場合は、根先を乾かさないように、濡れタオルか湿ったスポンジの上にリトープスの鉢を置いて過度に乾燥させないこと、特に小苗は常にある程度の湿り気を保つよう水を与えます。

「繭形玉」外側の皮にしわが寄れば脱皮開始のサイン。

福来玉

L.fulleri

葉は灰白色で、扁平な頂面の全面を窓が占めている。窓は灰褐色～紫褐色で窪んでいる。秋には白い花を咲かせる。

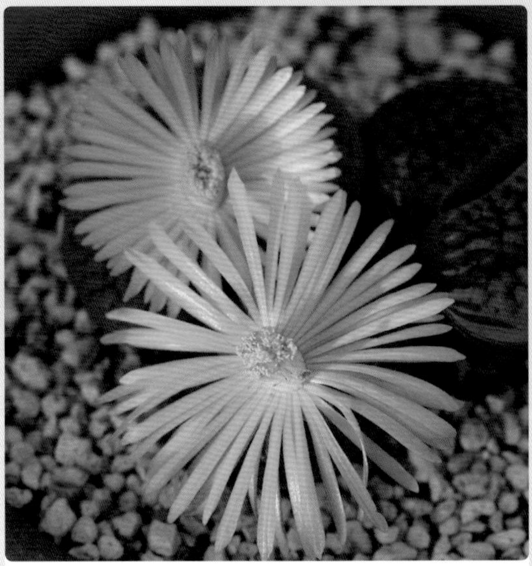

赤茶丸貴玉

L.hookeri var. marginata

灰褐色の頂面に、濃色の幅広い網目がある。

白花黄紫勲

L.lesliei'Albinica'

「アルビニカ」とも。丈の低い倒円錐形で、窓の全体に入る不透明な黄色い模様が特徴。秋に濃いピンク混じりの白花を咲かせる。

トップレッド

L.karasmontana'Top Red'

倒円錐形で体色は灰黄色。頂面の凹んだ赤褐色の枝状模様を、色鮮やかに強調したカラスモンタナの改良品種。秋に白い花を咲かせる。

〈花〉

キンバリー・フォーム

L. lesliei 'Kimberly form'

窓に枝模様がある「紫勲【しくん】」のタイプ違いで、窓の細かい模様が特徴。頂面は淡い黄褐色が加味された灰色で、窓と点は暗灰緑色。

ほう る ぎょく

宝留玉 *L.lesliei var. hornii*

葉の高さ3～4㎝の中～大型。丈の低い倒円錐形で割れ目は浅くて狭い。頂面は平坦で明るい黄褐色、窓と点は濃黄色。

まゆ がた だま

繭形玉

L.marmorata

円錐形で、割れ目は1㎝と深く、やや幅が広い。灰緑色の頂面はふくらみ、窓は濃い灰緑色で大きく、島は灰色の斑点状。

育て方のコツ

水のやりすぎによる身割れを防ぐ

春になると、外側の古い皮がしおれ、株の中心が2つに分かれて中から新しい葉が出てきます。

新葉は古い葉の養分や水分を吸収して育ちますが、この時期に水や肥料が多すぎると身割れや二重脱皮を起こす原因になるので注意しましょう。

身割れを起こした「繭形玉」。

二重脱皮したリトープス。

大公爵
L.schwantesii'Triebneri' form

「招福玉【しょうふくぎょく】」のタイプ違い。黄褐色の頂面の中央部が灰緑色に染まるため、縁が黄褐色の帯にぐるりと囲まれたようになり、黄色い花を開く。

〈花〉

大津絵
L.otzeniana

葉の高さ2～3cmの中型種。倒円錐形で割れ目は深い。灰緑色の地色に粗い網目模様が入る。写真は地色が緑になる珍しい品種。

紅大内玉　L.optica'Rubra'

葉の長径3cmの中型種。全体がピンクを帯び、上面が紫紅色に染まり、冬は赤みを帯びる。実生や株分けでふやすが、性質は弱い。

栽培カレンダー

プレイオスピロス属
リトープス属

	1	2	3	4	5	6	7	8	9	10	11	12 (月)
生育状態			生育緩慢		脱皮		休眠			生育		
									開花			
置き場所	戸外、フレーム（霜よけのある）					戸外（風通しのよい日なた）						
水やり		控えめ（鉢土が乾いたら湿る程度）			たっぷり（鉢土が乾いたら）		（月に2～3回）霧吹き			たっぷり（鉢土が乾いたら）		
施肥									液肥（月に1回）			
作業									植え替え（株分け、タネまき）			
		殺虫剤散布					殺虫剤散布					

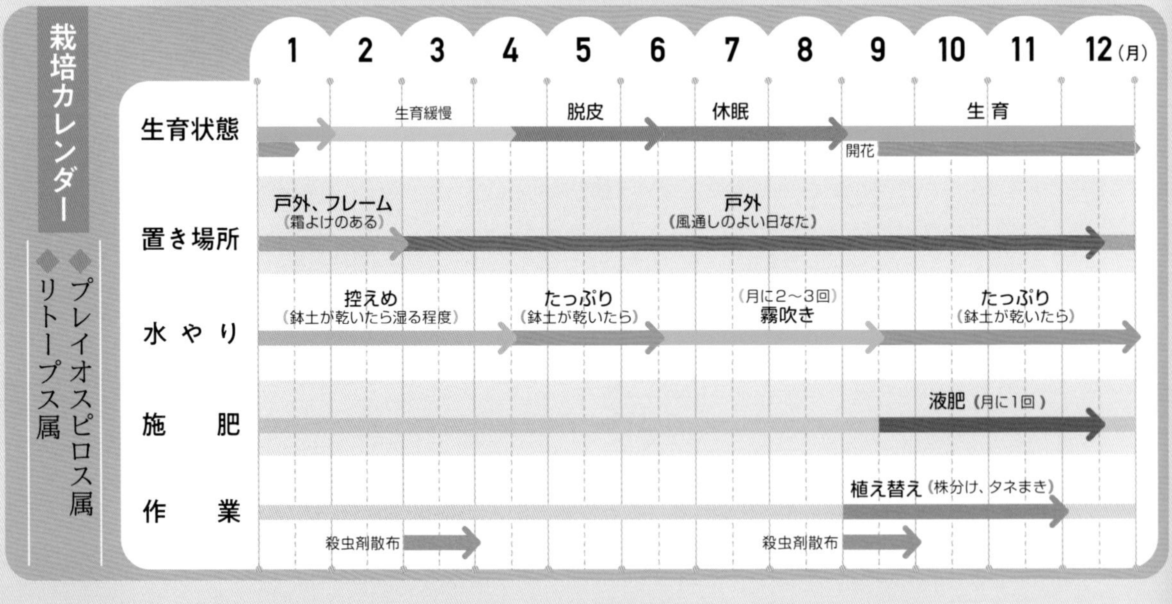

Pleiospilos

プレイオスピロス属

〔ハマミズナ科〕

ケープ州カルー、オレンジ自由州原産で、35種が分布する。プレイオスピロスとは葉に著しい斑点のあることを示し、名前どおりの斑点模様が入ったぷっくりと丸い葉が2～3対つき、メセンの仲間では最も大きな肉厚の葉をもつ。日本で作出された園芸品種もある。花は大部分が黄色で大きく、花柄はあまり伸びない。葉を肥大させるコツは、春と秋の生長期に十分日光に当てることだが、真夏は風通しのよい涼しい場所で、断水する。

（帝玉の花）
花が5～7日程度咲いている。

生育型	根のタイプ	難易度	原産地
冬型	細根	＊＊＊＊	南アフリカ

帝玉（ていぎょく） *P.nelii*

卵形で、中央部が割れて2分され2枚の葉になり、葉は2～3対ある。表皮は淡紅色を帯びた灰緑色で、透明な点に覆われる。

鳳卵（ほうらん） *P.bolusii*

半円状で上面が平らな肉厚の葉は、先端があご状になり長さ4～7㎝。明灰緑色の肌に暗緑色の点々が多数全体に入っている。

（帝玉のつぼみ）
太い花茎を立ち上げ、つぼみをつけた。

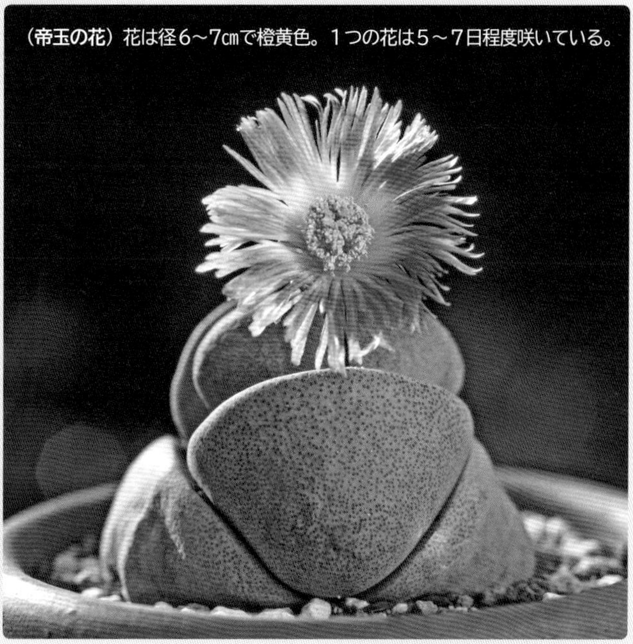

（帝玉の花） 花は径6～7㎝で橙黄色。1つの花は5～7日程度咲いている。

栽培カレンダー➡P98

Aloe

アロエ属

〔ススキノキ科〕

小型のものから大木に育つ木立性のものまで多数の品種がある。木立アロエや食用のアロエ・ベラがよく知られるが、多肉植物として栽培されるのは小型の種類で、シャープなフォルムが好まれ、葉の模様も美しい。

日当たりが悪いと徒長するのでよく日に当てる。戸外で越冬できる種もあるが、霜に当てると傷むので、冬は軒下に置いたりフレームに入れたりして保護するとよい。多くは株分けでふやす。

生育型	根のタイプ	難易度	原産地
夏型（一部春秋型）	太根	＊＊＊＊	アフリカ南部、マダガスカル、アラビア半島

斑入り木立アロエ

A.boiteani

古くからある木立アロエの斑入り種で、白い斑がストライプ状に入る。丈夫で、霜の降りない温暖地では戸外で栽培できる。

〈花〉

綾錦 A.aristata

「細葉木立蘆薈【ほそばきだちろかい】」とも。小型で無茎。披針形の葉を多数ロゼット状につける。葉先はノギ状で、葉縁、葉裏に白い刺がある。長い花柄の先に帯紅黄色の花をつける。

木立アロエ

A.arborescens

南アフリカ原産。「医者いらず」の通称で知られ、アロエの中では最も普及している。関東以西では露地栽培もできる。

デスコイングシー

A.descoingsii

アロエの中では最も小さい。肉厚の三角形の葉が星形のロゼットを形成する。春に柿色の花を咲かせる。

鯱錦 A.longistyla

「百鬼夜行【ひゃっきやこう】」とも。無茎の中型種。細い葉を上向きにつけ、ロゼット径は20㎝前後。早春、太く短い花茎の先に紅色の花を開く。

鬼切丸 A.marlothii

ごつごつとした感じで、外側に鋭い刺をびっしりとつけた葉をロゼット状に開く。南アフリカではベラ種とともに薬用植物とされる。

不夜城 *A.nobilis*

基部で多数分枝し、濃緑色の葉の縁に黄白色の刺をつける。木立アロエとミトリフォルミス種の交配種ではないかと考えられている。

不夜城錦 *A. nobilis variegata*

丈夫な「不夜城」の斑入り品種で、黄色の斑はよく日に当てて育てると色味が冴える。花は夏咲きの濃橙紅色で穂状に咲く。

シンカタナ

A.sinkatana

原産地はスーダン。茎はなく、よく子吹きして群生する。青緑色の葉は白粉を帯び、斑紋が散っている。

千代田錦

A.variegata

「タイガーアロエ」ともいい、濃緑色の葉の表面に白い模様が入り、縁は白く彩られる。短い花茎にオレンジの花を穂状につける。

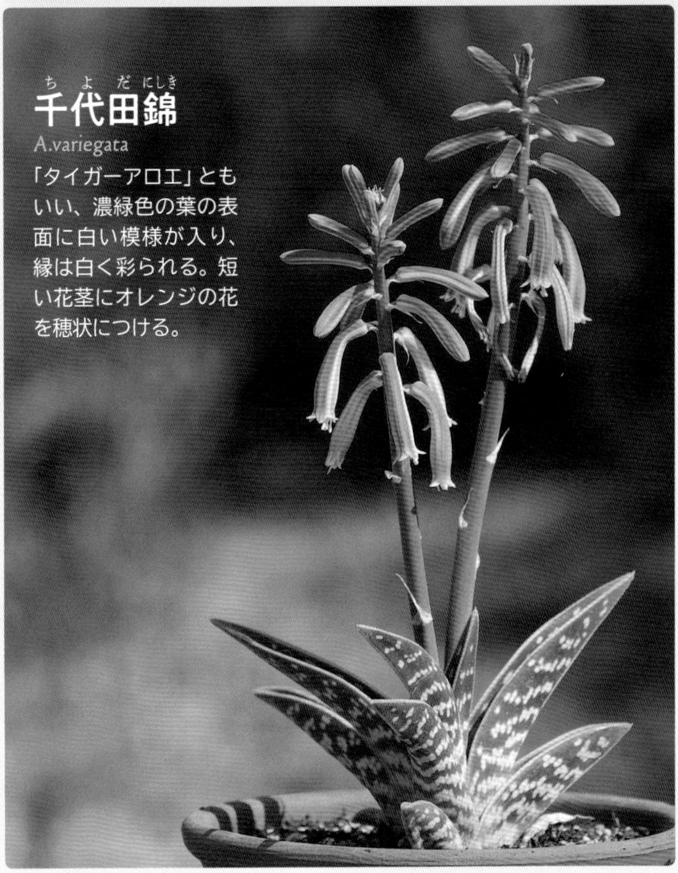

翡翠殿 *A.juveuna*

淡黄緑色の小さな卵状三角形の葉に、淡い斑点が入り、葉裏と葉縁に短い刺がある。茎が見えないくらい葉をつける。

竜山錦 *A.brevifolia*

淡青緑色をした肉厚の三角状の葉をもつ無茎の小型種。「竜山」の斑入りの園芸品種で、クリーム色の縞斑が入ったロゼットが美しい。

千代田の光

A.variegata

「千代田錦【ちよだにしき】」の斑入り品種で、黄色の縞斑と白色の横縞斑が入る。夏の強光と水のやりすぎに注意して管理する。

（花をつけたベラ）花茎を伸ばし黄色い花を穂状につけ下から咲くが、タネはできにくい。

ベラ 薬用にも使われる種類で、暑さ寒さにも耐え、育ちも早く、栽培は容易。
A.vera

じこうにしき
慈光錦
A.striata

「口紅アロエ【くちべにあろえ】」とも。白粉を帯びた青緑色の葉の縁が白く縁どられるが、強光下ではピンクを帯びて美しい。刺はない。

ラウイー・ドリアンブラック
A.rauhii'Dorian Black'

ダークグリーンの葉の地肌が黒いのが名の由来。しっかりと日光に当てて育てると色が濃くなる。寒さには弱い。

〈花〉

ラウイー
A.rauhii

小型のアロエで幅10cmほど。丈夫で、よく子を吹き、育てやすい。春〜秋は日当たりのよい戸外で、冬は室内で管理する。

フラミンゴ A.'Flamingo'

丈夫な交配種。緑の葉に散りばめられた赤い突起が特徴で、秋から冬にかけて一段と鮮やかになり、夏にはまた緑が濃くなる。

ドニー
A.'Donnie'

オレンジに縁どられた葉に無数のオレンジの突起がつく。交配種でよく子を吹き、育てやすい。夏にオレンジ色の花をつける。

（ラウイー）

栽培カレンダー ◆アロエ属

	1	2	3	4	5	6	7	8	9	10	11	12 (月)
生育状態	生育緩慢	休眠		生育				半休眠（または生育）			生育	生育緩慢
置き場所		室内、フレーム				戸外（風通しのよい日なた）						
水やり	乾かし気味（寒さに弱い種は断水）			たっぷり（鉢土が乾いたら）				蒸れに弱い種は乾かし気味		たっぷり（鉢土が乾いたら）		
施肥				液肥（元肥があれば追肥は不要）						液肥（元肥があれば追肥は不要）		
作業			植え替え（タネまき、株分け、切り戻し、挿し木）							植え替え（株分け、切り戻し、挿し木）		
		殺虫剤散布										

「臥牛」実生で流通し、個体差が大きい。

Gasteria

ガステリア属

〔ススキノキ科〕

南アフリカからナミビアにかけて湿地に自生している。ゴボウ根で、肉厚の硬い葉が互生するか、または放射状に広げるのが特徴で、小型のものが流通する。生育型は夏型だが、暑さにも弱いため春秋型とされることもある。

風通しのよい屋外で管理するが、夏は暑さに注意して50%以上遮光し、冬は凍らせないように室内に取り込み、5℃以上を保つようにする。春と秋は、鉢土を乾かさないように水やりする。

生育型	根のタイプ	難易度	原産地
夏型	太根	****	南アフリカ

子宝錦（こだからにしき）

G.gracilis var. minima f.variegate

グラキリスの変種、小型の「子宝」の斑入り種で、斑の入り方はさまざま。子株が多数つきふえやすい。

聖牛殿錦（せいぎゅうでんにしき）

G.beckeri hybrid f. variegata

「聖牛」の交配種である「聖牛殿」の斑入り種。立て葉が輪生する「聖牛」に対し、本種は葉が左右に互生する。

白雲臥牛竜（はくうんがぎゅうりゅう）

G. armstrongii hybrid

白い斑点を多数散りばめた肉厚の葉が特徴。

臥牛（がぎゅう）

G.armstrongii

ガステリア属の代表種。艶のある濃緑色の舌状の葉を左右に広げる。葉面はややざらつく。夏と冬は水やりを減らして管理する。

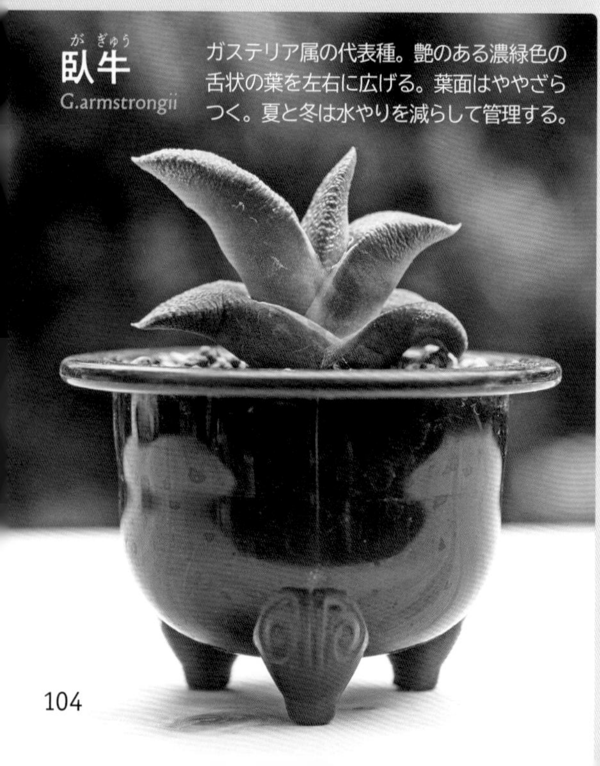

グロメラータ

G.glomerata

子吹きして群生するやや小型の種類。ぷっくりと厚みがある葉は白みがかった深緑色。多湿にすると黒い斑点が出るので注意。

磯松錦 <ruby>磯<rt>いそ</rt></ruby><ruby>松<rt>まつ</rt></ruby><ruby>錦<rt>にしき</rt></ruby> G.gracilis albovariegata

長い剣状の葉は最初互生し、その後ゆるくらせん状になる
傾向がある。葉に入った白斑に、緑の縦皺がある。

白星竜 <ruby>白<rt>はく</rt></ruby><ruby>星<rt>せい</rt></ruby><ruby>竜<rt>りゅう</rt></ruby> G.verrucosa

葉は剣状で、暗緑色の地に白い突起が多数散らば
って美しい。葉ははじめ立ち、後に基部が水平に
なるが先端のほうは上を向く。

翠牛 <ruby>翠<rt>すい</rt></ruby><ruby>牛<rt>ぎゅう</rt></ruby> G.sp.

葉先が尖った濃緑色の長
い葉に、やや突出した白
い斑点が入り、縁には鋸
歯【きょし】状の突起がある。
群生する。

ピランシー G.pillansii

舌状の葉は、厚さ1.5cm前後で暗緑色だがと
きに褐色を帯び、左右に互生する。弱光線下
では葉が徒長し色も悪くなるので注意。

4
多肉植物の図鑑

主に葉が多肉化した植物 ● ガステリア属

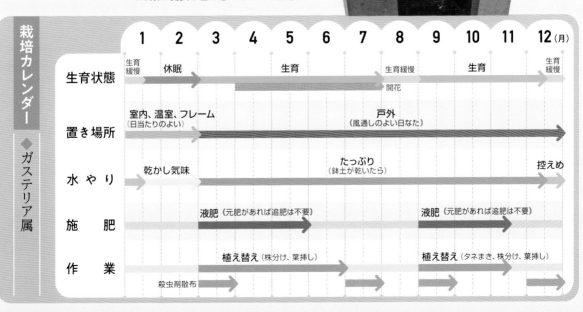

栽培カレンダー ◆ガステリア属		1	2	3	4	5	6	7	8	9	10	11	12 (月)
生育状態		生育緩慢	休眠			生育			生育緩慢 開花		生育		生育緩慢
置き場所		室内、温室、フレーム（日当たりのよい）						戸外（風通しのよい日なた）					
水やり		乾かし気味					たっぷり（鉢土が乾いたら）						控えめ
施肥				液肥（元肥があれば追肥は不要）						液肥（元肥があれば追肥は不要）			
作業				植え替え（株分け、葉挿し）						植え替え（タネまき、株分け、葉挿し）			
		殺虫剤散布											

Haworthia

ハオルチア属

〔ススキノキ科〕

南アフリカのみに分布し、岩陰などに自生している。小型で、葉の形態や色彩が変化に富む。葉が軟らかい軟葉系は、表面に半透明な「窓」があるタイプで、光が弱めの環境を好むので、直射日光を遮った軟らかな光線で管理する。

葉に「窓」がないタイプの硬葉系は、軟葉系よりは若干光を好む性質があり、一般に軟葉系より生育は旺盛。夏の休眠期に水をやりすぎると、根腐れを起こすので、夏は月に2～3回軽く与える。冬は室内に入れて5℃を保てばよく育つ。

生育型	根のタイプ	難易度	原産地
春秋型	太根	＊＊＊＊	南アフリカ

巨大赤線(きょだいあかせん)レンズオブツーサ

H.'Kyodai Akasen Lens'

透明感が高い「オブツーサ」で、大きな窓が魅力。先が尖った葉が密につき、徒長しにくいのが特徴。

オブツーサ *H.cooperi var. truncata*

「オブツーサ」はクーペリ・トルンカータの愛称。丸い葉の先が半透明の窓になっていて、光を取り込めるようになっている。

アラクノイデア

H.arachnoidea

レース系のハオルチアで、無茎でロゼットは径8cm内外。披針形の葉は、淡青緑色で軟質。先端に半透明の窓がある。

トルンカータ

H.cooperi var. truncata

「紫オブツーサ」や「ドドソンオブツーサ」などとも呼ばれている、紫色の模様が美しい種。通年明るい半日陰で管理する。

金城(きんじょう) *H.margaritifera f. aureo variegata*

ロゼットの径は8cm。星状の白い点と黄色の縞斑が入る種類。周年遮光下に置き、冬は水やりを減らして5℃以上を保つ。

コンプトニアーナ

H.emelyae var. comptoniana

軟葉系の大型種で、径8～10cmのロゼットをつくる。葉の頂面は三角形で、光沢があり縦線と網目模様が入る。

十二の巻(じゅうにのまき) *H.attenuata H.fasciata*

硬葉系ハオルチアの代表。葉の外側に白い縞模様が入るのが特徴。在来系は白い線が細いが、太いものを「ワイドバンド」という。

小さな花は長い花茎について下から咲く。

〈花〉

ピリフェラ錦 *H.cooperi var. pilifera variegate*

「白斑ピリフェラ錦」とも呼ばれるもので、白い模様が美しい。軟らかい光を好み、強い日差しに当たると葉やけをするので注意。

オブツーサ錦 *H.cooperi var. truncata f. variegata*

軟葉系ハオルチアの代表的存在の「オブツーサ」の斑入り品種。オレンジや淡黄色の斑が全体に入り、とても美しい。

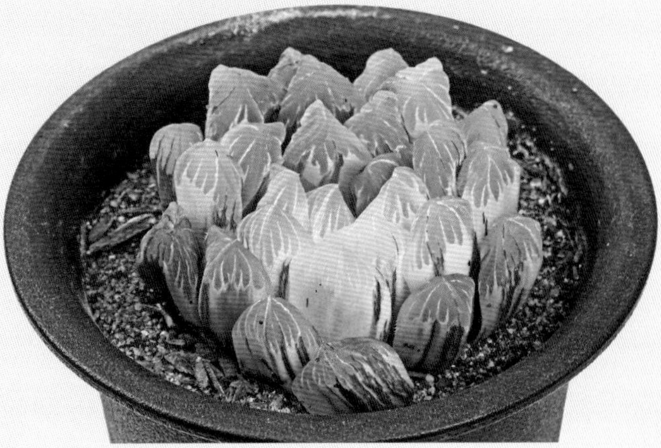

コレクタ錦

H.correcta f. variegata

長さ3㎝ほどの葉が直立し、半透明の葉の上面に線状の模様が入るコレクタの斑入り種。冬は色みが冴える。

〈カキ仔〉

実生から誕生したもの。

スプレンデンス錦

H.magnifica var. splendens f. variegata

三角状の赤黒い葉が特徴のスプレンデンスの斑入り種。強光線下で育てると、秋から冬は赤みが一段と冴える。

松の霜 *H.radula*

硬葉系ハオルチア。先が尖った濃緑色の葉の裏表全体に細かな白い斑点が入り、霜が降りたように見える。

瑠璃殿 *H.limifolia*

葉先が細く尖った暗緑色の葉が風車状につき、ロゼットの径は8～12㎝。葉の両面に浮き上がった横縞がある。

京の華錦

H.cymbiformis var. angustata f. variegata

明るい緑色の柔らかな葉に白黄色の縞斑が入る種類。周年遮光して管理するが、できるだけ弱光線下で育てること。

グリーン玉扇（たまおうぎ） H.'Lime Green'

「玉扇」系の交配種。明るい黄緑色の葉を一列に並べ、オレンジ色に染まって外側から枯れていくが、子吹きはよい。

長い花茎に白い花が多数開く。

万象錦（まんぞうにしき）

H.maughanii f. variegata

「万象」の斑入り種で、濃緑色の葉に黄色の散り斑が入る。葉の頂面は透明状で、白い模様が入る。写真は根挿しでふやしたもの。

万象 雪国（まんぞう ゆきぐに）

H.maughanii

「万象」の園芸品種。大きく生長すると、半透明の窓にきめの細かい白いラインが多数、中央部の太い白線に向かって入る。

万象 稲妻（まんぞう いなづま） H.maughanii

生長はゆっくりで、大きく育つほど、すっぱり切られたような葉の頂面の窓の白い線がはっきりしてさらに美しくなる。

万象 筋斑（まんぞう すじふ）

H.maughanii f. variegata

筋斑の入った「万象」の園芸品種。

稲妻錦万象（いなづまにしきまんぞう） H.maughanii f. variegata

葉の頂面の窓に白い線で描かれた模様があり、長年育てていくと、白線が一段とくっきりと鮮やかになる。

万象 雨月（まんぞう うげつ）

H.maughanii

窓植物（ウィンドウプランツ）としてよく知られる「万象」の園芸品種で、窓に複雑な模様が入り、葉色はやや褐色を帯びる。

スプリングボクブラケンシス

H.springbokvlakensi

「クリスタルボール」とも。無茎で、ロゼットの径は7㎝ほど。褐緑色の葉の切断面に長短の線が入る。生長がとても遅い。

万象 紫晃（まんぞう しこう）

H.maughanii

紫を帯びた肌をもつ珍しいタイプで、窓に白い線が入る美しい種類。

ラインヴァルティー

H.reinwardtii

葉裏に白い粒点がついた葉は、濃緑色の披針形。先端が内向きに曲がり、らせん状について塔状に育つが、後に倒伏する。

達磨 オブツーサ
H.obtusa

「オブツーサ」の中で、特に葉が丸いタイプを「達磨」と呼ぶ。透明感のある丸い窓が紅葉すると、赤い達磨のように見える。

水晶 *H.obtusa'Suishiyou'*

「オブツーサ」の一つの型で、葉の頂面の窓が白くて大きく、水晶のように美しい。「黒水晶」や「緑水晶」などもある。

ブラックオブツーサ錦
H.obtusa f. variegate
H.cooperi var. truncata f. variegate

葉が黒味を帯びる「オブツーサ」を「ブラックオブツーサ」というが、本種はクリーム色の斑が入るタイプで、大きな窓をもつ。

玉章
H.obtusa var. pilifera f. truncata

葉の頂面は丸みがあり、白いすじが入り、透明感は豊か。直射日光や暑さに弱く、日ざしが強いと透明感がなくなる。

レツサ *H.retusa hyb.*

葉は先が尖り、頂部に窓があり筋模様が入る。晩春に花茎を伸ばして白い小さな花をつける。大型から小型のものまで変異に富む。

マジョール *H.emelyae var. major*

無茎で、ロゼットの径は8.5㎝ほど。長めの葉は全体に鋸歯【きょし】があり、3条の白緑色の太い縦縞が入る。「ウィミー」とも。

ミラーボール *H.'Mirror Boll'*

オブツーサ系の交配種。比較的丈夫でよく群生し繁殖力が強い。濃緑色の葉に細かな刺がつき、小さな窓がいくつもある。

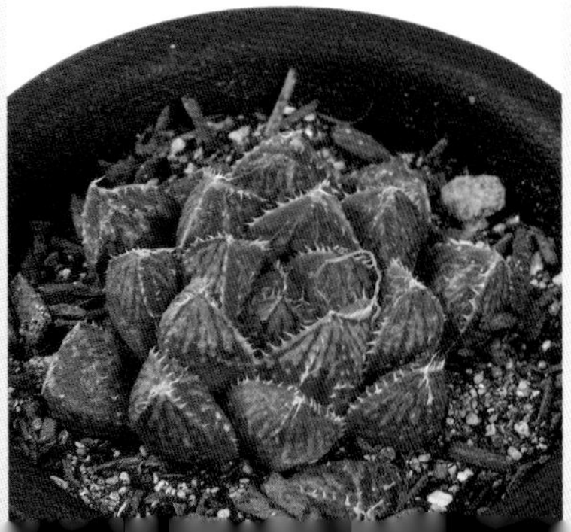

雪景色
H.'Yukigeshiki'

ウィミーとスプレンデンスの交配種。大きな窓をもち、ウィミー譲りの白い模様がとても美しい。葉一面が真っ白になるものもある。

宝草錦 H. × cuspidata f.variegata

交雑種「宝草」の斑入り種。丈夫で子吹きがよい。縦に筋が入るもの、クリーム色が大きく入るものなど、斑の入り方はさまざま。

祝宴 H.turgida

先がツンと尖った、幅広の明るい緑の葉を大きく広げる姿が魅力。尖った葉先はオレンジに色づく。風通しよく、明るい場所で育てる。

ツルギダ スティバーイ
H.turgida 'Stibaai'

ぷっくらと厚い葉は、透明の窓が大きく、美しいすじが入るタイプ。緑色の葉は紅葉期に黄色からオレンジに色づく。

花鏡 H.turgida var. turgida

明るい緑色の細長い葉が特徴で、白いすじが入り美しい。子吹きもよいので育てやすいのも魅力のひとつ。

ツルギダ ハイデルベルグ
H.turgida'Heidelberg'

多肉質の細長い葉が特徴。葉は濃緑色で、縁に細かい刺がある。寒さにあうとやや紫を帯びて紫褐色に染まる。

竜城錦 H.viscosa f.variegata

「竜城【りゅうじょう】」の斑入り種。三角状の暗緑色の葉に美しい橙黄色の斑が入る。基部よりランナーを出して群生する。

タイガーピグ錦
H. cv.'Tiger Pig'f. variegata

「毛蟹」とピグマエアの交配種。よく子吹きする品種だが、子が斑入りにならないものもある。強光線下で育てると、斑がオレンジ色に染まる。

象牙の塔 H.tortuosa f. variegate

ウィスコサの雑種といわれている。三角状の葉に黄色の斑が入り、葉の表面が窪む。基部より子吹きして群生する。

五重の塔
H.tortuosa

ウィスコサの雑種とされている。丈高く育ち、基部より子吹きして群生する。「子天狗【こてんぐ】」や「竜宮城【りゅうぐうじょう】」などとも。

宝草（たからぐさ）
H. × *cuspidata*

レツサとキンビフォルミスの交雑種。無茎でロゼットの径は5~6cm。レツサの特徴をついで、やや尖った葉先をもつ。

天使の泪（てんしのなみだ）
H.'Tenshi-no-Namida'

葉にさまざまな白い模様が入る硬葉ハオルチアの仲間。マルギナータの交配種で、白い模様が垂れて涙のようになるのが特徴。

玉扇（たまおうぎ）
H.truncata

二列に互生するロゼットは整然と一列に並び、中心部から扇状に開いていく。葉の頂面は水平に切られたような形で、群生する。

玉万錦（ぎょくまんにしき） H.truncata × maughanii

植物体の頭を刃物で水平に切ったような「玉扇」と「万象」の交配種。できるだけ日当たりのよい場所で管理するが、真夏は遮光して葉やけを防ぐ。

玉扇（たまおうぎ）スーパージャンボ
H.truncata

「玉扇」の大型品種で、肉厚で窓がとても大きい。

ダイヤ玉扇（たまおうぎ） H.truncata

窓の上半分にはっきりした白い線が入るのが特徴。

寿（ことぶき） H.retusa

無茎で、ロゼットの径は7~9cm。よく子を吹いて群生する。半透明の窓は三角形で淡い白い線が入る。葉は5方に開出する。

栽培カレンダー ◆ハオルチア属

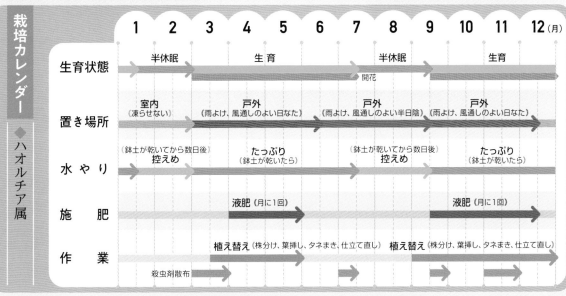

	1	2	3	4	5	6	7	8	9	10	11	12（月）
生育状態	半休眠		生育				半休眠（開花）		生育			
置き場所	室内（凍らせない）		戸外（雨よけ、風通しのよい日なた）				戸外（雨よけ、風通しのよい半日陰）		戸外（雨よけ、風通しのよい日なた）			
水やり	控えめ（鉢土が乾いてから数日後）		たっぷり（鉢土が乾いたら）				控えめ（鉢土が乾いてから数日後）		たっぷり（鉢土が乾いたら）			
施肥				液肥（月に1回）					液肥（月に1回）			
作業			植え替え（株分け、葉挿し、タネまき、仕立て直し）					植え替え（株分け、葉挿し、タネまき、仕立て直し）				
		殺虫剤散布					殺虫剤散布		殺虫剤散布		殺虫剤散布	

Agave
アガベ属

〔キジカクシ科〕

アメリカ南部から南アメリカ北部にかけて分布する。葉の先に刺があり、さまざまな斑模様が楽しめる。ほとんどの種は強健種で栽培は容易。蒸れを嫌うので夏は風通しのよい場所で、冬は霜に当てないよう軒下や簡易フレームで管理する。

耐寒性があるものは関東以西では戸外で越冬できる。小型のものが好まれるが、原種も手に入れやすい。原種は株分けやタネをまき、交配種は株分けでふやせる。

生育型	根のタイプ	難易度	原産地
夏型	太根	＊＊＊＊	アメリカ南部、中米

アテヌアータ A.attenuata

生長につれて茎を伸ばし、高さ1mほどになる。葉は淡緑色～灰緑色で縁に刺がない。3～4mになる穂状花序は先端が下垂する。

ピンキー
A.filifera compacta v. 'Pinky'

「王妃笹の雪」の白覆輪で、濃緑色の葉に白色の覆輪が入る人気の小型種。一年を通じ強光を避け、冬は5℃以上を保つ。

王妃甲蟹錦（おうひかぶとがに; にしき）
A.isthmensis f. variegata

葉縁の刺がくっついて帯状に連なる「王妃甲蟹【おうひかぶとがに】」に、黄色の覆輪が入る品種。冬は5℃以上を保って管理する。

乱れ雪（みだれゆき）
A.filifera

中型種。細い剣状の葉は光沢のあるオリーブ色で、2～3本の白条が入る。葉縁に白い糸状の繊維をつける。

乱れ雪 白覆輪（みだれゆき しろふくりん）
A.filifera variegata

矮性【わいせい】品種。表面は平らで、帯状の白い斑が入った葉の縁が淡黄色に縁どられ、ささくれたような細い糸飾りをもつ。

ポタトルム
A.potatorum

青緑色の葉は薄く白粉を帯び、葉先と葉縁に黒褐色の鋭い刺をもつ。花は黄緑色で、円錐花序につく。

五色万代（ごしきまんだい）
A.lophantha f.variegata

高さ30㎝。光沢のある緑葉に白や黄色の縦縞の斑が入る美しい中型種。耐寒温度は0℃前後で、やや寒さに弱いので注意する。

マルモラータ錦
A.marmorata f. variegata

肉厚のざらざらした葉にクリーム色の斑が入り、生長は早い。

ポタトルム・スーパークラウン
A.potatorum v.v 'SUPER Croun'

黄色い覆輪斑が美しい園芸品種。

フランスアイボリー
A.'France Ivory'

濃緑色の葉に黄覆輪が入り、放射状に整然と葉を広げる。

メリコ錦
A.'Meriko-Nisiki'

「クリームスパイク」と呼ばれ、クリーム色の覆輪が入る。生育につれて葉が上向きになる。

華厳
A.americana var. medio-alba

「アメリカーナ」とも。硬くて長い葉に白い中斑が入り、ロゼットは直径1m以上になる。耐寒、耐暑性が強いので、庭植えも可能。

王妃雷神 白中斑
A. potatorum

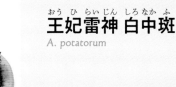

短くて幅の広い葉に白い中斑が入る。ゆったりと生育し、大きくならず場所をとらないことから人気がある。

きっしょうてんにしき
吉祥天錦
A.parryi'Kisshouten-Nishiki'
A.parryi mediopicta

「吉祥天」の斑入り種。

ふきあげ
吹上 A.stricts

多数の細長い葉が放射状に直立してつき、垂れることはない。葉色は白みがった灰緑色では先の刺は赤褐色から灰色になる。

ジプソフィラ
A.gypsophila

中米の熱帯原産で、特に寒さに弱いので冬季は暖房の部屋が理想的。また、葉が折れやすいので扱いは丁寧にする。

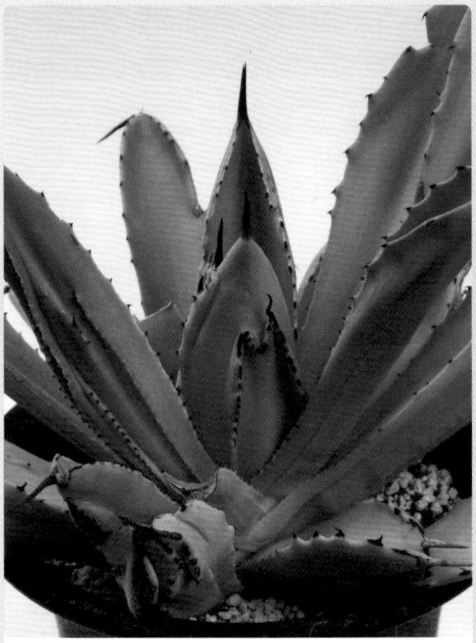

キュービック A.potatorum cv.'Cubic'

長めの倒卵形の葉を放射状につける大型種、ポタトルムの石化。2枚の葉が重なり合うように生え、葉先と縁に黒褐色の刺をもつ。

くつげん　まいおうぎにしき
屈原の舞扇錦
A.palmeri 'Kutsugen-no-maiougi'

シルバーグレーの葉に淡黄色の外斑が入り、葉縁の赤い刺が印象的な品種。「パルメリー錦」とも呼ばれている。

雷神 A.verschaffeltii A.potatorum var.verschaffeltii

メキシコ原産。小型種で葉をロゼット状に広げる。葉は淡黄緑色に白粉を帯び、縁が波打ち、葉先が尖る。

ポトレラナ A.potrerana

高さ90cmほどで、白みを帯びた深緑色の細長い葉が特徴。葉縁には鋭い刺がある。寒さには強く、直射日光によく当てて育てる。

吉祥冠 A. potatorum f.

ロゼットの径は30cm。淡黄緑色の葉は白粉を帯びて幅が広い。刺は明るい赤褐色で葉の色と美しく調和する。

ポタトルム・ホワイト

A.potatorum white variegated

「鳳凰【ほうおう】」とも。葉に淡黄色の覆輪が入り、葉縁に細かい刺をつける。寒くなると縁がピンクを帯びて美しい。

風雷神錦

A.potatorum variegate

コンパクトにまとまり、育てやすい。

吉祥冠錦

A.potatorum'Kisshoukan-Nishiki'

整ったロゼット状の端正な姿で、青緑色で幅の広い葉にクリーム色の外斑が入る品種で、葉の先に赤褐色の強い刺をもつ。

ベネズエラ

A.desmettiana

斑入りのアガベで「マージナタ」とも。締まった株姿で美しい。株元から子株が多数出るので、容易に株分けしてふやせる。

滝(たき)の白糸(しらいと)

A.schidigera

明るい緑色の細長い葉は先が尖った樋【おけ】状。葉縁の白い巻きひげはほつれた糸状で、規則正しくカールしている。

〈巻きひげ〉

NO.1(なんばーわん) 錦(にしき)

A.sp.'No.1' f. variegata

葉縁に褐色の鋭い刺をもつ豪壮な種類。「仁王冠【におうかん】」や「巌流【がんりゅう】」と呼ばれるものの斑入り種で、緑色の葉の縁に斑が入る。

笹(ささ)の雪(ゆき)

A.victoriae-reginae

披針形の葉の表裏に鮮やかな白線模様が入り、葉先に黒く短い刺をもつ。古くから栽培されている丈夫で美しい種。

氷山（ひょうざん）

A.victoriae-reginae'Hyouzan'

「笹の雪」の白覆輪品種で、葉縁の白さが際立ち氷山を思わせる優美な姿で、珍品の部類に入る。冬は水やりを控える。

笹の雪 黄覆輪（ささのゆき おうふくりん）

A.victoriae-reginae f. variegate

「笹の雪」に黄覆輪が入る選抜種で、「笹の雪アイボリー」とも呼ぶ。暑さ寒さに強いが、梅雨期の過湿に注意する。

笹の雪 中斑（ささのゆき なかふ）

A.victoriae-reginae f. variegate

披針形の葉の上に、ペンキで描いたような白い線模様が葉縁だけでなく、葉全体に入る美しい品種。

エボリスピナ

A.utahensis var. eborispina

小型で、細長い披針形の葉を放射状につけ、先端と葉縁に白い刺をつける。夏の多湿を嫌うので、水はやや少なめに与える。

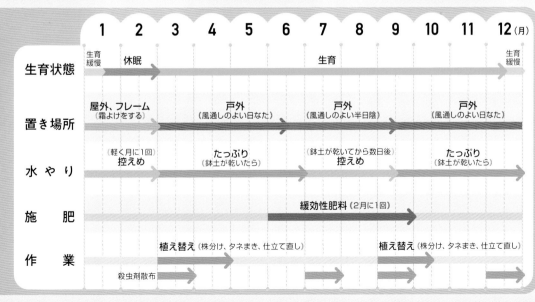

栽培カレンダー ◆アガベ属

	1	2	3	4	5	6	7	8	9	10	11	12(月)
生育状態	生育緩慢	休眠					生育					生育緩慢
置き場所	屋外、フレーム（霜よけをする）			戸外（風通しのよい日なた）			戸外（風通しのよい半日陰）			戸外（風通しのよい日なた）		
水やり	控えめ（軽く月に1回）			たっぷり（鉢土が乾いたら）			控えめ（鉢土が乾いてから数日後）			たっぷり（鉢土が乾いたら）		
施肥						緩効性肥料（2月に1回）						
作業			植え替え（株分け、タネまき、仕立て直し）						植え替え（株分け、タネまき、仕立て直し）			
		殺虫剤散布	殺虫剤散布				殺虫剤散布		殺虫剤散布			殺虫剤散布

Sansevieria
サンセベリア属

〔キジカクシ科〕

アフリカや南アジアなどの乾燥地帯に分布し、60〜70種が知られている。観葉植物としてよく知られているが、小型で色や形が美しい種が多肉植物として栽培される。

過湿や乾燥にも強く、春から秋までは屋外で育てられるが、真夏の強光は苦手。寒冷紗で遮光するか、あかるい半日陰で管理する。寒さに弱いので晩秋から室内に取り込み、10℃を保つが10℃以下なら断水して越冬させる。

生育型	根のタイプ	難易度	原産地
夏型	太根	****	アフリカ、マダガスカル、南アジア

アエティオピカ
S.aethiopica

南アフリカ原産で、小型種に含まれる。青緑色の線状披針形の葉に暗緑色の横縞が入り、縁は赤か白色に彩られる。

シルバーブルー
S.kiukii'Silber Blue'

幅広の銀葉がロゼット状に展開し、波打つようなシルエットが美しい。真夏の直射日光は葉やけの原因になるので、避ける。

シルバーハーニー
S.trifasciata cv.'Silver Hahnii'

トリファスキアータの園芸品種でコンパクトタイプ。葉に横縞模様は入らないで、全体が金属光沢のある銀緑色をしている。

ゼラニカ
S.'Zeylanica'

先が尖った線状披針形の葉に入ったゼブラ柄の横縞模様が特徴。よく似たローレンティーよりも丈夫である。

ボンセレンシス S.boncellensis

丸く太った棒状の葉が扇状に広がり、葉の縞模様も美しい。

棒千歳蘭（ぼうちとせらん）
S.cylindrica

「スタッキー」とも。硬い多肉質の円筒状の葉が特徴で、3〜4枚根茎から出る。葉色は暗緑色で、縦溝と淡緑色のぼかし模様が入る。

ゴールデンハーニー
S.trifasciata cv.'Golden Hahnii'

トリファスキアータの園芸品種「ハーニー」の斑入り品種で、黄白色の覆輪斑が大きく入る。性質はやや弱い。

ローレンティー・コンパクタ

S.trifasciata cv.'Laurentii'

「ローレンティー」の矮性【わいせい】品種。葉の長さは35㎝くらいで、濃緑色の地に黄色い覆輪が入り、そのコントラストが美しい。

ローレンティー

S.trifasciata cv.'Laurentii'

「覆輪千歳蘭【ふくりんちとせらん】」、「虎の尾【とらのお】」ともいい、サンセベリアの代表品種。やや肉厚の葉の両縁に幅広の黄色い覆輪斑が入る。花は黄白色で総状花序につく。

〈花〉

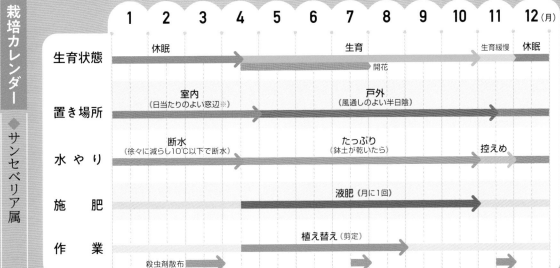

ピアソニー

S.pearsonii

円筒状の葉は高さ60〜90㎝。暗青緑色の地にわずかに斑点が入り、3〜4枚が根茎から出て叢生する。

栽培カレンダー ◆サンセベリア属

	1	2	3	4	5	6	7	8	9	10	11	12（月）
生育状態	休眠			生育			開花				生育緩慢	休眠
置き場所	室内（日当たりのよい窓辺※）				戸外（風通しのよい半日陰）						室内	
水やり	断水（徐々に減らし10℃以下で断水）			たっぷり（鉢土が乾いたら）							控えめ	
施肥				液肥（月に1回）								
作業				植え替え（剪定）								
	殺虫剤散布											

※日当たりのよい窓辺で5〜10℃以上保つ

カリシア属

Callisia

〔ツユクサ科〕

メキシコから南米の熱帯に約12種が知られ、匍匐する茎が上昇するか下垂するので吊り鉢で楽しめる。乾燥に強い丈夫な種類で、肉厚の葉は色、形、模様もさまざま。

日なたから半日陰で管理するが、真夏は強光を避け、冬は室内に置いて5℃以上を保つ。水やりが多いと蒸れたり、根腐れをおこすので、鉢土が乾いたら与えるようにする。生育が早いので、年に1回は挿し木や株分けで株を更新するとよい。

生育型	根のタイプ	難易度	原産地
夏型	細根	＊＊＊＊	熱帯アメリカ

レペンス‘バリエガタ’

C.repens cv. variegata

メキシコ、中央・南アメリカに分布するレペンスの斑入り種。先が尖った光沢のある卵円形の葉に乳白色やピンクの斑が入る。

エレガンス

C.elegans

メキシコ南部原産。卵円形から広披針形の葉はやや多汁質で、表面に白、または黄白色の縦縞が入る。裏面は赤紫色。

重扇 C.navicularis

かさねおうぎ

メキシコ原産。葉が扇状に重なって草丈3〜8cm、幅5〜15cmになる。長く伸びた花茎の先に、3枚の花弁と雄しべが3〜6本あるピンクの花を咲かせる。

〈花〉

栽培カレンダー ◆カリシア属

	1	2	3	4	5	6	7	8	9	10	11	12 (月)
生育状態	生育緩慢						生育					生育緩慢
				開花								
置き場所	室内（日当たりのよい）			戸外（風通しのよい日なた）			戸外（風通しのよい半日陰）				室内（日当たりのよい）	
水やり	控えめ			たっぷり（鉢土が乾いたら）			たっぷり（毎日）		たっぷり（鉢土が乾いたら）		控えめ	
施肥					置き肥（2カ月に1回）							
作業					植え替え、株分け、挿し木（挿し木は9月まで）							
			殺虫剤散布									

（シラモンタナ）
茎の先端に濃赤紫色の花をつける。

Tradescantia
トラデスカンチア属

〔ツユクサ科〕

北アメリカおよび熱帯アメリカに数十種が分布し、直立または匍匐する多年草。観葉植物として知られているが、多肉植物として扱われるのはメキシコ原産のシラモンタナで、株全体が白色の軟毛に覆われ「白雪姫」とも呼ばれている。

暑さ寒さに強く、栽培は容易。よく日が当たる場所や明るい半日陰に置き、春から秋は鉢土が乾いてきたら水をやる。低温期は落葉し地下部のみで越冬するので、日当たりのよい室内で0℃以上を保ち、乾かし気味に管理する。

生育型	根のタイプ	難易度	原産地
夏型	細根	****	北アメリカ、熱帯アメリカ

シラモンタナ *T. sillamontana*

メキシコ原産。株全体が白い毛で覆われるが、高温多湿に育てると綿毛がまばらになり、本来の美しさが出ないので注意。

斑入り（ふい）シラモンタナ

T. sillamontana variegata

シラモンタナの斑入り種で「白絹姫【しらきぬひめにしき】」とも。白い長い毛に覆われた葉に黄色い斑が入る。冬は落葉し地下部のみで越冬する。

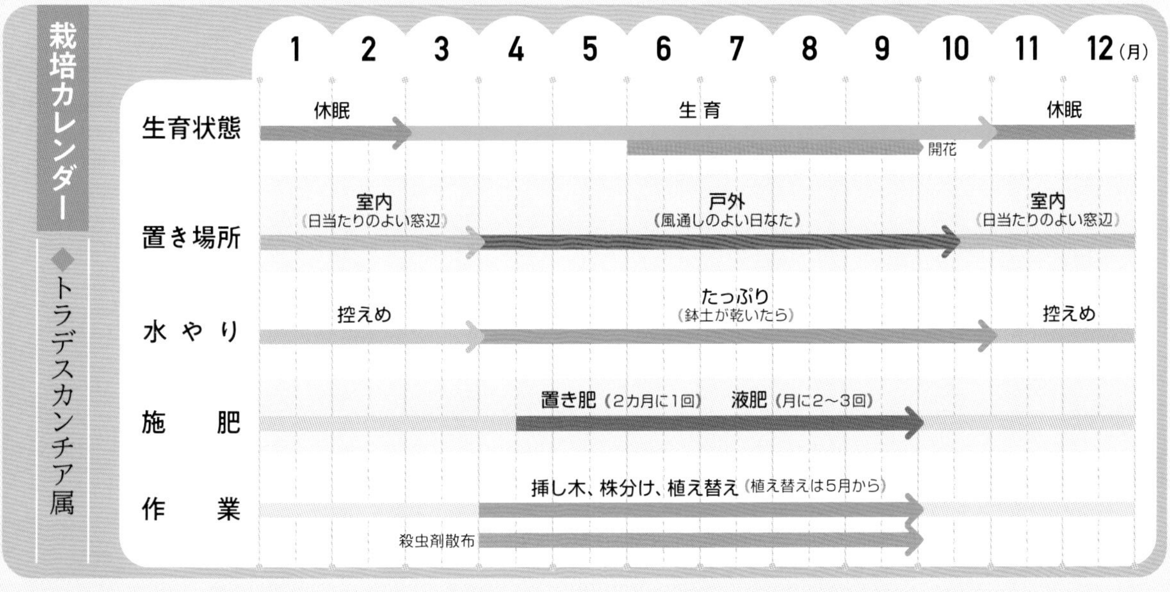

Pilea
ピレア属

[イラクサ科]

　世界の熱帯から亜熱帯に約650種があり、日本にもミズやヤマミズなどが自生している。葉の美しい種類が観葉植物として栽培されて人気だが、多肉植物として楽しむものも8種くらいある。水分を必要とするが、常に湿っている状態は好ましくない。

　耐暑性が強いので、春〜秋は風通しのよい戸外に置き、鉢土の表面が乾いてきたらたっぷり水をやる。冬は日当たりのよい室内に入れ、ガラス越しの日光に当てて管理する。

ペペロミオイデス
P.peperomioides

中国の雲南原産。地下茎を伸ばして群生し、長い柄の先に緑色でやや光沢のある円状卵形の葉をつける。緑色の小さな花をつける。

生育型	根のタイプ	難易度	原産地
夏、春秋型	細根	✳✳✳	世界の熱帯〜亜熱帯

ミクロフィラ
P.microphylla

メキシコ、アメリカ合衆国、ペルー、ブラジル原産。よく分枝して高さ30cmほどになる。小さな葉はあまり肉厚にならない。

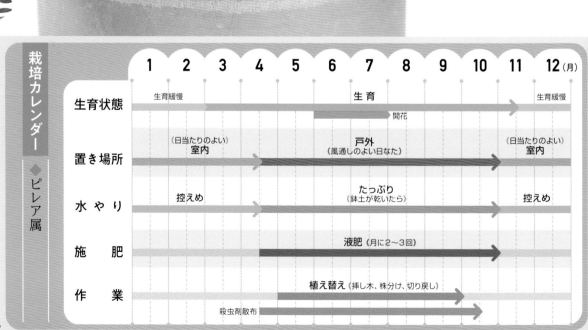

栽培カレンダー ◆ ピレア属

	1	2	3	4	5	6	7	8	9	10	11	12 (月)
生育状態	生育緩慢					生育						生育緩慢
							開花					
置き場所	(日当たりのよい)室内			戸外 (風通しのよい日なた)							(日当たりのよい)室内	
水 や り	控えめ			たっぷり (鉢土が乾いたら)							控えめ	
施 肥				液肥 (月に2〜3回)								
作 業				植え替え (挿し木、株分け、切り戻し)								
		殺虫剤散布										

Peperomia
ペペロミア属

〔コショウ科〕

熱帯から温帯に広く分布し、約1000種がある。アフリカにも少数自生するが、多くは南米に自生する大きなグループ。主として観葉植物として扱われているが、主に肉厚の丸い葉をもつタイプが多肉植物として栽培される。

春と秋は屋外でよく日に当てるが、蒸し暑い日本の夏に弱く根腐れを起こしやすいので、夏は風通しのよい日陰で水やりを控えて管理する。冬は日当たりのよい室内に置き、最低温度を5℃以上保ち、用土を乾燥気味に保つ。

生育型	根のタイプ	難易度	原産地
夏型	細根	＊＊☆☆	熱帯～温帯

ドラブリフォルミス
P.dolabriformis

原産地はペルー。直立する茎にへら形の葉が群がってつく。葉が合着するため、表より薄い黄緑色の葉裏を見ることになる。

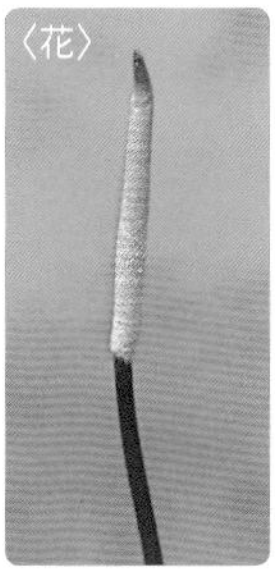

〈花〉

グラベオレンス
P.graveolens

光沢のある葉は、中央で折りたたまれたようなペペロミア属特有の形。葉の表は緑色、裏が赤く染まるのが特徴で、淡緑色の小さな花を細い穂状に密につける。

ハッピービーン
P.'Happybean'

中央で折りたたまれた形の葉は、一見するとマメの莢のように見える。柔らかな光を好み、暑さ寒さに弱いので、室内栽培に向く。

カクタスビレ *P.'Cacutusville'*

「カクタスビル」とも。肉厚の葉をもち、上に伸びていく。ニバリス属に似ているがそれよりも生育が早く育てやすい。

主に葉が多肉化した植物 ●ピレア属 ●ペペロミア属

栽培カレンダー ◆ペペロミア属

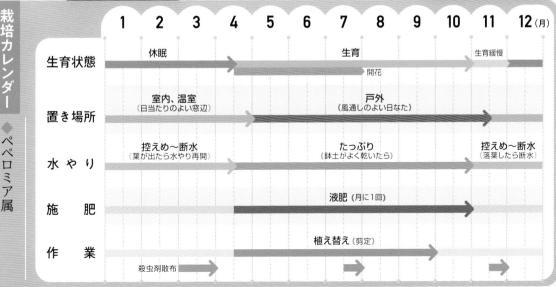

	1	2	3	4	5	6	7	8	9	10	11	12 (月)
生育状態	休眠						生育				生育緩慢	
					開花							
置き場所	室内、温室（日当たりのよい窓辺）				戸外（風通しのよい日なた）							
水やり	控えめ～断水（葉が出たら水やり再開）				たっぷり（鉢土がよく乾いたら）						控えめ～断水（落葉したら断水）	
施肥					液肥（月に1回）							
作業					植え替え（剪定）							
	殺虫剤散布											

Anacampseros

アナカンプセロス属

〔カナボウノキ科〕

主として南アフリカに分布し、小型の多肉植物で50種以上が知られる。原産地で媚薬（びやく）にみなされている。ゆっくりと生長する小型種が多く、根は肥厚し、互生する多肉質の葉にクモの巣状の毛がある。１つの花茎に１～４個の花をつけ、１～２時間後にはしおれる。

耐暑性、耐寒性は比較的あるが、夏の多湿を嫌うので、夏は特に風通しをよくすることがポイント。真夏と真冬以外は、鉢土が乾いたらたっぷりと水をやる。

生育型	根のタイプ	難易度	原産地
春秋型	細根	＊＊＊＊	南アフリカ

吹雪の松（ふぶきのまつ） *A.rufescens v.*

茎は立ち上がって5～8㎝。長くなると分岐し、這ってマット状に広がる。葉腋に白毛をつけ、径3㎝の淡紅色の花を開く。

桜吹雪（さくらふぶき）

A.rufescens f.variegata

「吹雪の松」の斑入り品種で、寒くなると斑入りの部分が鮮やかなピンクに染まる。葉の間から綿毛が出るのが特徴。

（**桜吹雪**）株は横に広がり、葉は1年を通して変わらず美しい。

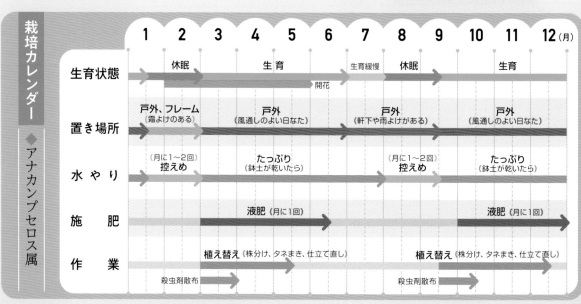

栽培カレンダー ◆アナカンプセロス属

	1〜2(月)	3〜6	7〜9	10〜12
生育状態	休眠（開花 2〜6）	生育	生育緩慢（7）、休眠（8〜9）	生育
置き場所	戸外、フレーム（霜よけのある）	戸外（風通しのよい日なた）	戸外（軒下や雨よけがある）	戸外（風通しのよい日なた）
水やり	（月に1～2回）控えめ	たっぷり（鉢土が乾いたら）	7：たっぷり／8〜9：（月に1～2回）控えめ	たっぷり（鉢土が乾いたら）
施肥		液肥（月に1回）（3〜6）		液肥（月に1回）
作業		植え替え（株分け、タネまき、仕立て直し）（3〜5）、殺虫剤散布（2〜3）	植え替え（株分け、タネまき、仕立て直し）、殺虫剤散布（8〜9）	植え替え（株分け、タネまき、仕立て直し）

Portulacaria
ポーチュラカリア属
〔カナボウノキ科〕

艶々した丸い葉が愛らしい小低木状の多肉植物で１属１種。夏の花壇を彩るマツバボタンやポーチュラカに近い仲間であることが名前の由来。多肉質の茎をもち、円形から倒卵形の葉が対生する。枝を剪定して盆栽風に仕立てられる。暑さには強いが寒さに弱く、霜に当たると溶けるように枯れる。

春から秋は日当たりと風通しのよい戸外に置き、鉢土の表面が乾いたらたっぷり水をやり、冬は室内に入れて乾かし気味に管理する。挿し木でふやす。

生育型	根のタイプ	難易度	原産地
夏型	細根	＊＊＊＊	南アフリカ

銀杏木（いちょうぎ） P.afra
「銀公孫樹【ぎんいちょう】」とも。よく分枝する枝を水平に出し、倒卵形で滑らかな緑色の葉が対生する。茎は灰褐色の表皮に覆われる。

雅楽の舞（ががくのまい） P.afra f. variegata
「銀杏木」の斑入り種で、黄白色の覆輪葉は寒くなると縁が赤く色づく。生育は遅いが、大株に育つと見ごたえのある草姿になる。

ウェルデルマンニー P.werdermannii
ブラジル原産。よく分枝し、白い綿毛が密生したふわふわした姿はユニーク。茎の先に深紅色の花がふつう１個開く。花は一日花。

栽培カレンダー ◆ポーチュラカリア属

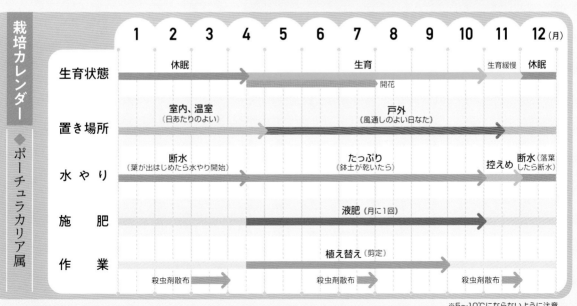

	1	2	3	4	5	6	7	8	9	10	11	12（月）
生育状態	休眠			生育（開花 4〜7）							生育緩慢	休眠
置き場所	室内、温室（日あたりのよい）				戸外（風通しのよい日なた）							
水やり	断水（葉が出はじめたら水やり開始）			たっぷり（鉢土が乾いたら）							控えめ	断水（落葉したら断水）
施肥				液肥（月に1回）								
作業	殺虫剤散布			植え替え（剪定）／殺虫剤散布						殺虫剤散布		

※5〜10℃にならないように注意

Senecio

オトンナ属

〔キク科〕

熱帯および南アフリカに150種くらいが分布している小型の多肉質草本や低木。茎が太り塊茎状になるコーデックスもある。

秋から冬に長い花茎の先に、黄色の頭花をつける。葉は円筒状か扁平で、葉面に蠟質の白粉をつける。葉を落とさないカペンシスもあるが、夏は葉を落として休眠することが多いので、断水して涼しい日陰に置き、葉が出てきたら水やりを開始するとよい。

生育型	根のタイプ	難易度	原産地
冬型	細根	＊＊＊＊	熱帯・南アフリカ、ナミビア

カペンシス

O.capensis

南アフリカ原産。秋は緑の葉が紫色に色づくので、「ルビーネックレス」や「紫月【しげつ】」とも呼ばれる。黄花が不定期に咲く。丸みを帯びた葉が赤っぽい紫色の茎に連なるが、葉は生長すると細長くなり、秋になると紅葉し、美しい紫色になる。

〈紅葉〉

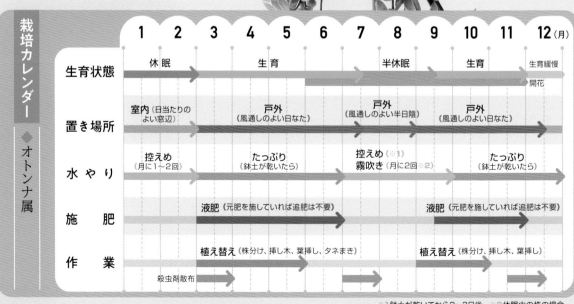

栽培カレンダー ◆オトンナ属

	時期（月）	内容
生育状態	1～2	休眠
	3～6	生育
	7～8	半休眠
	9～11	生育
	12	生育緩慢
	6～11	開花
置き場所	1～2	室内（日当たりのよい窓辺）
	3～6	戸外（風通しのよい日なた）
	7～8	戸外（風通しのよい半日陰）
	9～12	戸外（風通しのよい日なた）
水やり	1～2	控えめ（月に1～2回）
	3～6	たっぷり（鉢土が乾いたら）
	7～9	控えめ（※1） 霧吹き（月に2回※2）
	10～12	たっぷり（鉢土が乾いたら）
施肥	3～6	液肥（元肥を施していれば追肥は不要）
	9～11	液肥（元肥を施していれば追肥は不要）
作業	3～5	植え替え（株分け、挿し木、葉挿し、タネまき）
	9～11	植え替え（株分け、挿し木、葉挿し）
	3、7～8、12	殺虫剤散布

※1鉢土が乾いてから2～3日後　※2休眠中の株の場合

Senecio

セネシオ属

〔キク科〕

多肉植物として栽培されるのは、南西アフリカ、インド、メキシコなどに自生する多年草草本か小灌木で、多肉質の葉や茎をもち、塊根になるものなどがある。球状や、三日月型、矢尻のような形などユニークな葉の形に魅力がある。

花は、茎の頂に頭花を１つ開くか、散房状に集まる。生育期は日当たりをよくして、徒長させないことと、根を乾燥させないことが大事。ただし、蒸し暑さを嫌って夏は半休眠するため、夏は風通しよく、乾かし気味に水をやる。

生育型	根のタイプ	難易度	原産地
春秋型	細根	＊＊＊＊	南西アフリカ、インド、メキシコ

みそらほこ

美空鉾 S.antandroi

白粉に覆われたコバルトブルーの細長い葉が密生し、高さ10～15㎝。生育は旺盛で、育てやすく、無霜期は戸外で栽培可能。

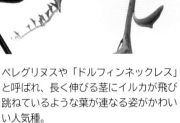

〈葉〉

ヒポグリフ

S.'Hippogriff'

ペレグリヌスや「ドルフィンネックレス」と呼ばれ、長く伸びる茎にイルカが飛び跳ねているような葉が連なる姿がかわいい人気種。

しちぼうじゅ

七宝樹

S.articulatus

多肉質棒状の小低木。プクプクして節に分かれた青緑色の茎は、白粉を帯び紫紅色の斑紋が入る。茎の先に葉がつき、冬は落葉する。

しちぼうじゅにしき

七宝珠錦

S.articulatus'Candlelight'

団子状に重なる茎がユニーク。茎の先につく葉に黄白色の斑が入り、秋になるとピンクに色づく。軟らかい光を好む。

むらさきばんとう

紫蛮刀

S.crassissimus

「紫匠【ししょう】」、「魚尾冠【ぎょびかん】」とも。扁平な紡錘形の葉は白粉を帯び、縁が紫紅色に染まり強光下だと発色がよい。冬に黄色い花を開く。

ぎんげつ

銀月

S.haworthii

全体が銀白色の毛に覆われ、やや多肉質の茎が直立する。生育はやや遅いが生長すると分枝する。冬～早春に黄色い花を開く。

だいぎんげつ

大銀月

S. haworthii

銀月よりも大型で茎も葉も長く、ビロード状の白い毛に覆われた姿が美しい。根腐れしやすいので、夏は水を控え涼しく過ごさせる。

ヤコブセニー

S.jacobsensii

ケニア、タンザニア原産。生育が早く丈夫な匍匐性【ほふくせい】で、吊り鉢に向く。丸みのある倒卵形の葉は光沢のある緑色。

弦月（げんげつ）

S. radicans

糸状の茎が地につくと節から根を下ろして広がる。短い柄をもつ紡錘形の葉をつけ、長い柄の先に白い頭花を1～4個開く。

新月（しんげつ）

S.scaposus

短い茎の先に白い綿毛に覆われた細長い葉をロゼット状につける。葉は古くなると毛がはがれて緑色になる。

〈葉〉

〈花〉

緑の鈴（みどりのすず）

S.rowleyanus

細長い茎がつる状に伸び、節から根を出して広がる。緑色の丸い玉（葉）を糸でつないだような草姿で「グリーンネックレス」ともいう。秋～冬に刷毛状の頭花をつける。

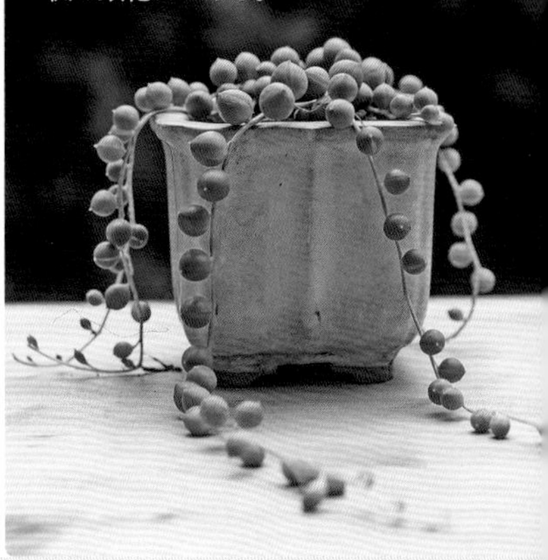

クライミングセネキオ

S.macroglossus variegata

「ワックスアイビー」とも。茎はつる状に伸び、艶のある三角形の葉に黄白色の覆輪が入る。夏は遮光して涼しい環境で育てる。冬に咲く花はクリーム色で、径5～6㎝。

〈花〉

天竜（てんりゅう）

S.kleinia neriifolia

「モンキーツリー」とも。幹は灰緑色で低木状に育つ。線状披針形の葉の中央に線条が入り、古い葉が順次落ちていく。

マサイの矢尻（やじり）

S.kleiniiformis

白い粉を帯びた青白緑色の矢尻型の葉をもつ、高さ30㎝の中型種。日光によく当てるが、真夏は直射日光をさけて半日陰に置く。夏に筒状花のみの黄色い花を咲かせる。

〈花〉

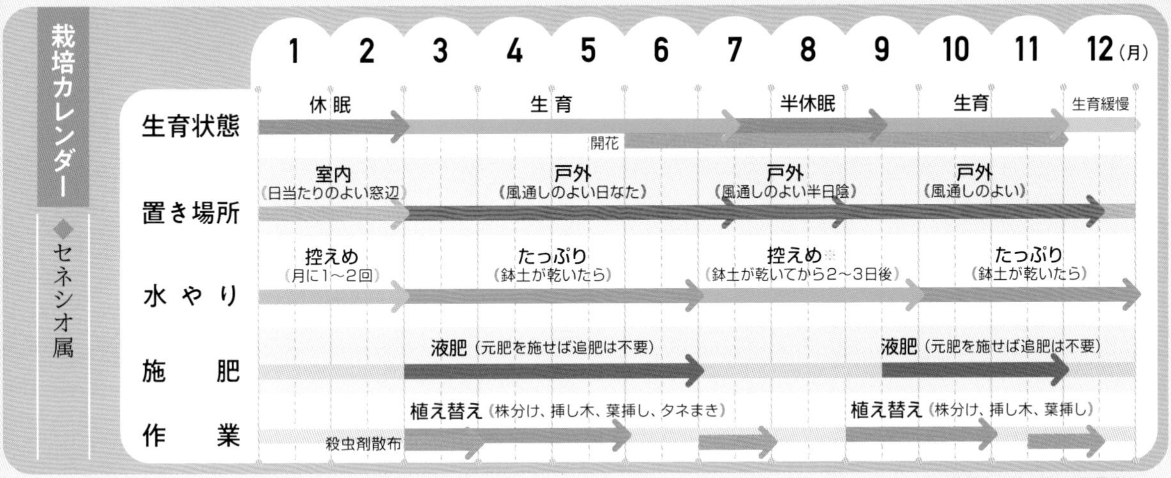

※休眠中の株は月に2回霧吹き

Plectranthus

プレクトランサス属

〔シソ科〕

熱帯、亜熱帯アジア、南アフリカ、東アフリカ、オーストラリアなどに100種くらいが分布しているが、観葉植物のほか鉢花やハーブ、多肉植物として栽培される種もある。四角形の茎に多肉質の葉が対生する。目立たない花を穂状につけるが、観賞しないときは、摘み取る。

真夏を除いてはよく日に当て、春から秋まではたっぷり水をやる。9月の末には室内に取り込み、冬は日当たりのよい室内で乾かし気味に管理する。

生育型	根のタイプ	難易度	原産地
夏型	細根	＊＊＊＊	熱帯・亜熱帯アジア、アフリカ、オーストラリア

パステルミント

P.amboinicus'Pastel mint'

黄色みを帯びたグリーンの美しい葉は、アロマティカスより小さく、ぷっくりとして、ほのかなミントの香りがする。

アロマティカス

P.amboinicus

全体に強い香りあり、多肉質のハーブとして知られる。冬は室内の日当たりのよい場所で、10℃以上を保つ。挿し木や株分けでふやす。

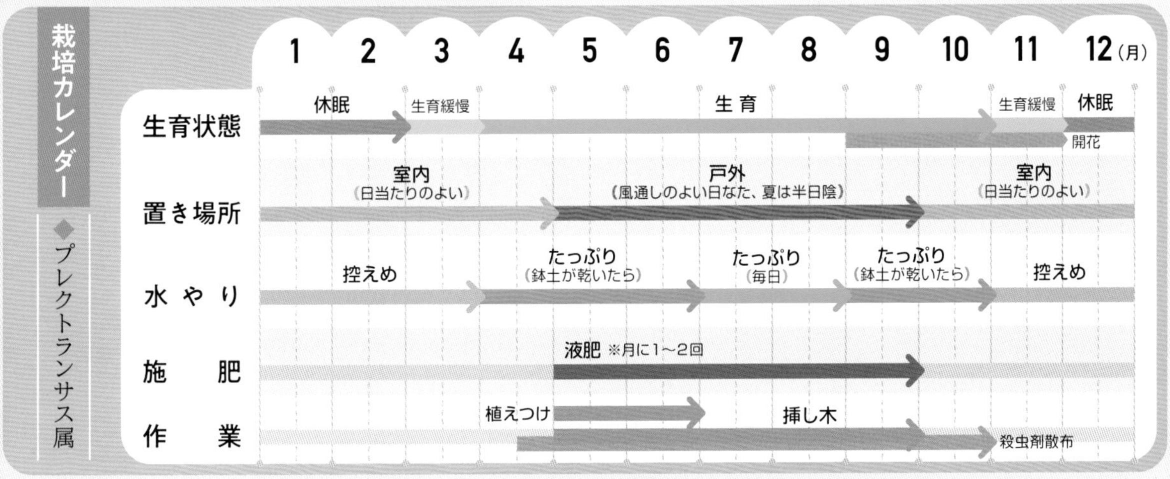

鉄甲丸【てっこうまる】の幹

Euphorbia

ユーフォルビア属

〔トウダイグサ科〕

多肉植物として扱われるのはアフリカなどに自生する500種ほどで、刺をつけて柱状になるもの、球状のもの、低木状のもの、コーデックス、タコ状に枝を伸ばすものなど5つのタイプがある。高温と強光を好み、株を傷つけると有毒の乳液を出す。なお、モナデニウム属も現在はユーフォルビア属に含まれる。

春から秋の生長期は、日当たりのよい戸外に置き、用土が乾いたらたっぷり水をやる。耐寒性はやや劣るので、冬は室内に入れ5℃以上を保つ。

生育型	根のタイプ	難易度	原産地
夏型	細根	＊＊＊＊	アフリカ、マダガスカル島

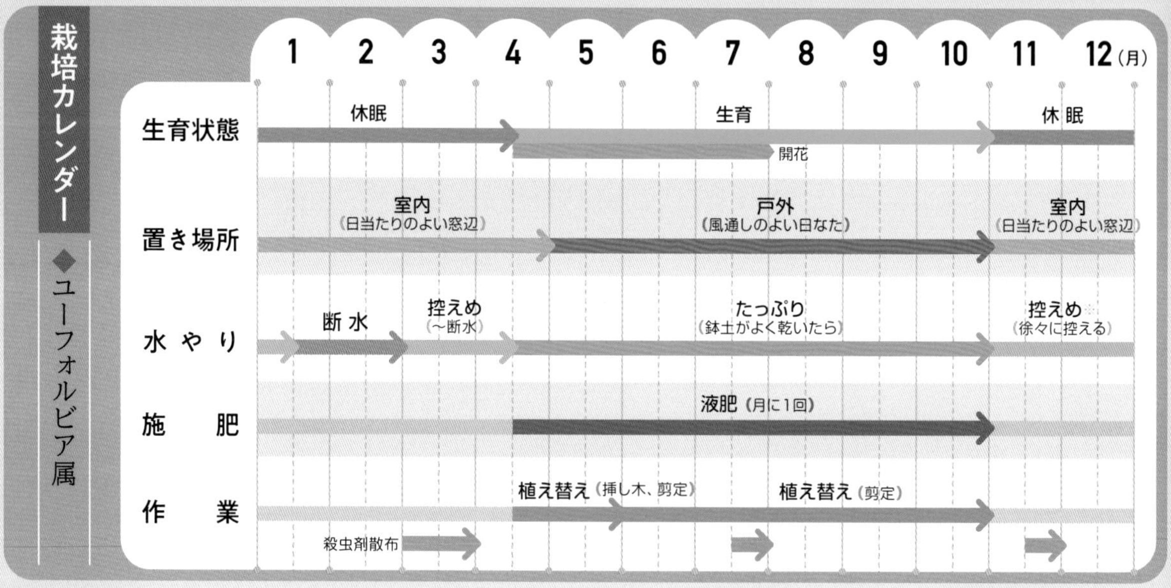

※葉が完全に落ちたら断水

鉄甲丸（てっこうまる）

E.bupleurifolia

「蘇鉄大戟【そてつだいげき】」とも。葉が落ちたあとの凸凹になった幹が特徴で、球形から後に円筒形になる。夏の高温と鉢土の過湿を嫌う。

怪魔玉（かいまぎょく）

E.hyb.

「鱗宝【りんぽう】」と「鉄甲丸」の交配種。表面がゴツゴツした茎の先に細長い葉をつけ、葉を落としながら上に伸びていく。

セドロルム

E.cedrorum

「ミルクブッシュ」に似るが、よく分枝する太めの枝が上に伸びていくのでブッシュ状にならない。

黄刺エノプラ（きとげ）

E.enopla cv.

「黄彩閣【おうさいかく】」、「黄刺紅彩閣」【きとげこうさいかく】」とも。「紅彩閣」の刺が黄色になったもの。個体差がある。

グリセオラ

E.griseola

「竜尾閣【りゅうびかく】」とも。よく分枝し、対になって刺がつき、一見サボテンのように見える。日当たりと風通しのよい場所で管理するが、真夏は直射日光を避ける。

アエルギノーサ E.aeruginosa

青緑色の枝が分枝し、高さ15～30㎝。稜上に長さ1㎝内外の濃赤褐色の刺をつける。晩秋～冬に黄色の小さな花をつける。

魁魔玉 E.'Kaimagyoku'

茎が伸びるにつれて稜がねじれ、葉は落ち、高さ15㎝。春に緑色の目立たない小さな花を咲かせる。胴切り挿し芽でふやす。

マハラジャ

E.lactea

キリン角の台木に接ぎ木されたラクテア石化。扇のような形で「マハラジャ」の名で出回る。写真は白斑のもの。

ラクテア石化

E.lactea variegated crested

ラクテアの斑入り種で、綴化【てっか】部の稜線が赤くなる美しい品種。高温期によく育ち、寒くなると休眠する。

レウコデンドロン

E.leucodendron

「白銀珊瑚【はくぎんさんご】」、「翡翠木【ひすいぼく】」とも。淡緑色の細い円柱状の茎が分枝しながら長く伸びる。枝に刺はない。休眠期に茎に白い粉をふく。

バイオエンシス

E.baioensis

規則的に刺を並べ一見すると小型の柱サボテンのように見える。刺と刺の間に黄色の小さな花を咲かせる。

白衣ホリダ

E.horrida v.

白粉を帯びた白色や青白色の円柱形の茎が高さ40～50㎝になる。直線の稜は後に波状になる。

ホワイト・ゴースト

E.lactea'White Ghost'

ラクテアの白化品種で、白いペンキを塗ったような不思議な姿で1mほどになる。冬は室内で3～5℃以上を保つ。

オベサ E.obesa

緑色の球体に淡緑色の縞模様が入り、径15㎝。刺は全くない。冬は5℃を保ち、水やりを減らして日当たりよく育てる。（写真は雌株）

シンメトリカ E.obesa spp. symmetrica

オベサの変種で、円筒状に育つオベサに対して本種は丸形のまま育ち、高さが径より大きくならない扁球形。

貴青玉 E.meloformis

「玉司【たまつかさ】」とも。「メロンのような形」という種小名の通りの球状種で、花が枯れた後の花茎が刺のように残るのが特徴。

育て方のコツ

ユーフォルビアのふやし方

ユーフォルビアは雌雄異株で、雄株と雌株があり1株では結実しません。実生でふやそうとするときに、「オベサはよく結実する」といわれますが、雄と雌がそろわないとタネがつきません。

ふやす場合は雌雄2株そろえて受粉させて採種します。花期は春から夏で、花は1か所から十数個つきますが、花が咲いているとき、上から水をかけると花粉が流れてしまうので注意します。

（雄株）

ミルクブッシュ

E.tirucalli

「青珊瑚【あおさんご】」とも。棒状の緑色の枝を傷つけると白い乳液が出る。枝は次々と分枝してして四方に伸び、小さな葉がすぐに落ちる。

オンコクラータ

E.oncoclada

細長く伸びた茎が特徴的で、茎の先端にはごく小さな葉をつける。休眠する冬は室内で水を控えて管理する。

キリン角斑入り

E.neriifolia f. variegata

「キリン角」の斑入り種で、葉と枝に不規則な黄白色の斑が入るもの。基本種より生長が遅く、やや弱い。

姫キリン

E.submamillaris

ケープ原産。基部から不規則に分枝し、クッション状に育つ。枝の上部は9〜10稜で、茶褐色で2㎝ほどの細い花刺がつく。

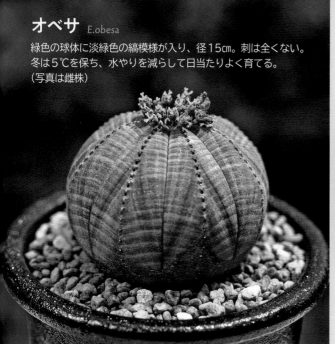

彩雲閣（さいうんかく） E.trigona

「三角形の」という種小名とおり、３稜の柱状の茎が特徴。深緑色の茎の表皮に白斑がある。長さ３〜４㎝の葉をつける。

ルガルディアェ錦（にしき）

E. (Monadenium)lugardiae variegated

ごつごつした茎に白い斑が入る品種で、葉も斑入りになる。地下茎から側枝が出て群生し、冬は落葉して休眠する。

帝錦（ていきん）

E.lactea

主幹や暗緑色の枝は３〜４稜形で、稜の縁が波打ち、波状の高く突き出たところに茶褐色の一対の刺がある。「みかどにしき」とも呼ばれる。

花キリン

E.milii var. splendens

マダガスカル島の高原の岩場が生まれ故郷。鋭い刺がある茎の先に愛らしい花を数輪ずつかたまってつける。花に見えるのは苞。

（花キリン）
クリームイエローの花を咲かせる種類。

ポリアカンサ

E.polycantha

「鯨髭キリン【げいすきりん】」とも。茎と枝は４〜５稜で、肌は灰色を帯びた緑。稜につく一対の刺は初め紅褐色だが、後に白褐色になる。

白樺麒麟（しらかばきりん）

E.mammillaris variegated

白の斑入りで美しい品種。ほとんど白く見えるが、表層の下に葉緑素を含んでいるので丈夫。生育は遅い。挿し木でふやす。

クリビコラ

E.clivicola

四角柱で節くれだった緑の枝に対になった短い刺がつき、小さな葉を出す。葉はすぐに落ちるので目立たない。生長は遅い。

タンザニアレッド

E.(Monadenium)schubei'Tanzania Red'

タンザニア原産。濃い紫紅色のごつごつした茎に、多肉質の葉をつける。日光不足になると肌の色が薄くなるので注意する。

〈クラーリーの花〉
花は杯状車形で、５つに浅く裂けて紫紅色の毛をつける。

Hoodia

フーディア（ホーディア）属

〔キョウチクトウ科〕

アンゴラ、ナミビア、ケープ州に18種が分布する。円柱状や棒状の茎は多肉質で、多くの稜があり、稜上に鋭い刺状の突起がある。よく分枝して群生し、淡黄白色や褐色の円盤状か浅い皿状の花を開く。

１年を通して、日がよく当たる風通しのよい場所で管理する。冬の休眠中もできるだけ日に当てる。生長期の夏は鉢土が乾いたらたっぷり水をやる。秋、涼しくなってきたら水やりを控え、冬は時々シリンジする程度にし、春から徐々に再開する。

生育型	根のタイプ	難易度	原産地
夏型	細根	＊＊＊＊	南アフリカ

クラーリー *H.currorii*

円筒状の茎は灰緑色で高さ20〜50㎝。イボ状の突起の先に針状の刺をつける。

〈分枝した姿〉
分枝した茎の上部に淡赤褐色の浅い皿状の花を咲かせる。

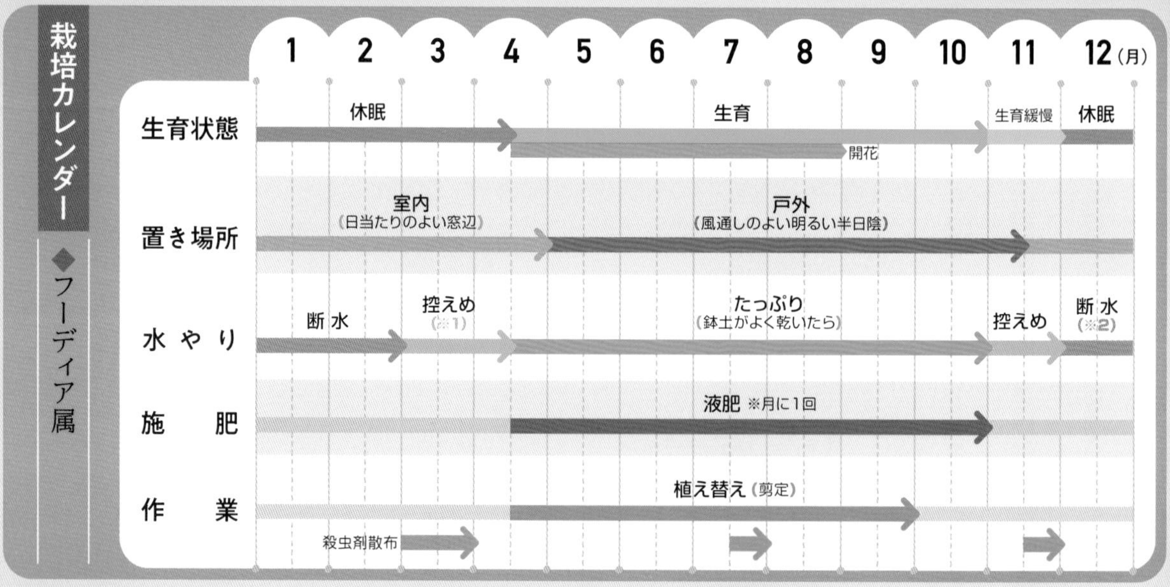

※1 芽が動き始めたら少しずつ水やり開始　※2 10℃になったら断水

（マクロカルパ）
5裂して星型に開く花をつける。

Huernia
フエルニア属

〔キョウチクトウ科〕

南および東アフリカ、アラビア、エチオピアが原産で、乾燥地帯に約60種が自生している。ごつごつした4〜6稜の茎はあまり高くならず15cm止まりの小型で、柱状になるもの、横に這うものなどさまざまある。夏に、先端が5つに分かれた筒形で肉厚の花を茎に直接開く。1年を通して半日陰を好むので、室内栽培にも向く。株分けや葉挿しでよくふえ、丈夫で栽培しやすいものが多いが、冬は最低温度5〜10℃を保ち、断水するとよい。

生育型	根のタイプ	難易度	原産地
夏型	細根	＊＊＊＊	アフリカ〜アラビア半島

マクロカルパ *H.macrocarpa*

直上または斜上する茎は緑色、ないし灰緑色で、三角状肉刺をつける。若い茎の基部に鐘形の花をつけるが、花色に変異が多い。

阿修羅（あしゅら） *H.pillansii*

細かい軟らかな刺に覆われた紡錘形の茎が低く伸びる小型種で、群生する。根ぎわに茶褐色のビロード状の花を咲かせる。

〈花〉

竜王角（りゅうおうかく） *H.primulina*

ケープ州原産。灰緑〜灰青緑色の茎は短く、鋸歯【きょし】をまばらにつける。鐘形の花は先が浅く5裂する。

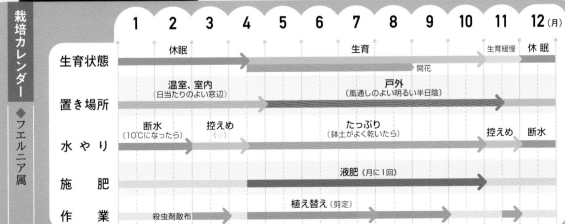

栽培カレンダー ◆フエルニア属

	1	2	3	4	5	6	7	8	9	10	11	12（月）
生育状態	休眠			生育							生育緩慢	休眠
				開花								
置き場所	温室、室内（日当たりのよい窓辺）			戸外（風通しのよい明るい半日陰）								
水やり	断水（10℃になったら）		控えめ（※）	たっぷり（鉢土がよく乾いたら）							控えめ	断水
施肥				液肥（月に1回）								
作業	殺虫剤散布			植え替え（剪定）								

※芽が動き始めたら少しずつ水やり開始

Echinocereus

エキノケレウス属

〔サボテン科〕

北アメリカ南西部からメキシコに92種が分布し、日本では古来より「エビサボテン」と呼んでいる。柱状、円筒形、球形とさまざまな形態があり、群生するものが多い。花が大きく見ごたえがあり、雌しべが緑色をしているのが特徴。春〜秋は日当たりと風通しのよい場所に置き、十分日照に当てる。寒さには強い。

生育型	根のタイプ	難易度	原産地
夏型	細根	＊＊＊＊（5段階中2）	アメリカ合衆国南部、メキシコ

美花角（びかかく） *E.pentalophus*

よく子を吹いて群生する。太さ1.5㎝内外の細い柱状の茎は鮮緑色で、刺は少ない。光沢のある紫紅色の花を咲かせる。

多刺蝦（たしえび） *E.polyacanthus*

円筒形で、径3〜5㎝。多数子吹きして大群生になる。淡緑色でときに紫紅色を帯び、針状の刺をもつ。赤い花が春に咲く。

太陽（たいよう） *E.pectinatus var. rigidissimus*

「三光丸【さんこうまる】」の変種といわれ、刺が整然と並び中刺がない、花がやや小さく、花つきが悪い点などが基本種と異なる。

紫太陽（むらさきたいよう） *E.rigidissimus var. rubrispinus*

円筒形をした小型のサボテンで、生長しても高さ30㎝ほど。赤から紫の細かい縁刺におおわれ、株が赤紫色に見える。

桃太郎（ももたろう） *E.pentalophus cv.'Momotarou'*

細い柱状で、よく子吹きして群生する。鮮緑色の茎に白い短い刺をつけるが、刺の数は少ない。花は紫紅色。

栽培カレンダー ◆エキノケレウス属

項目	時期（月）	内容
生育状態	1〜2	休眠
	3〜7	生育（3〜6 開花）
	7〜9	半休眠
	9〜12	生育
	12	休眠
置き場所	1〜3	室内、フレーム（日当たりのよい）
	3〜12	戸外、フレーム（風通しのよい日なた）
水やり	1	（月に1回）霧吹き
	2	断水
	3〜7	たっぷり（鉢土が乾いたら）
	7〜9	控えめ（※）
	9〜12	たっぷり（鉢土が乾いたら）
	12	（月に1回）霧吹き
施肥	4〜7	液肥（2週間に1回）
	9〜11	液肥（2週間に1回）
作業	2〜4	殺虫剤散布
	4〜7	植え替え（株分け、タネまき、挿し木）
	9〜11	植え替え（タネまき）

※鉢土が乾いてから3〜4日後

〈大豪丸の花〉
花径7㎝前後の白い花をつける。

Echinopsis

エキノプシス属

〔サボテン科〕

ボリビア、アルゼンチンのアンデス山域からブラジル南部、ウルグアイにかけて自生し、園芸品種も多数つくられている。球形から後に円筒形になり、よく子吹きして群生する。花は大きな漏斗形で、夜に開き、香りのよいものもある。古来より「ウニサボテン」と呼ばれ、生育がよいので接ぎ木の台木にも利用される。

生育型	根のタイプ	難易度	原産地
夏型	細根	＊＊＊＊	南アメリカ

大豪丸（だいごうまる）
E.subdenudata

稜上の刺座【しざ】に白色の綿毛がつく。春から夏にかけて長い花柄の先に白色の花を開く。

赤花短毛丸（あかばなたんげまる） *E.eyriesii*

円筒状になり、よく子を吹いて群生する。白花を咲かせる「短毛丸」の赤花種。交配種だといわれている。

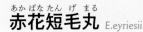

パラマウント・ハイブリッド
Lovia×Lobiviopsis 'Paramount'hyb.

ロビビア属とエキノプシス属との交配種ロビビオプシス属で、花が美しい。

長盛丸（ちょうせいまる）
E.multiplex

ブラジル南部原産。球形ないし短円筒形で高さ30㎝。花はこの仲間では珍しい淡紅色で、径12～15㎝の大輪花。芳香がある。

福俵（ふくだわら）
E.multiplex f. cristata

「長盛丸」の綴化【てっか】したもの。

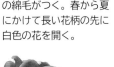

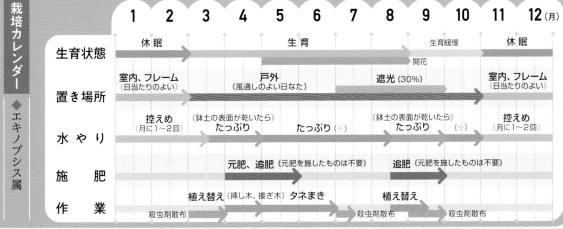

栽培カレンダー ◆エキノプシス属

	1～12（月）
生育状態	休眠（1～2月）、生育（3～8月、開花5～8月）、生育緩慢（9～10月）、休眠（11～12月）
置き場所	室内、フレーム（日当たりのよい）（1～2月）、戸外（風通しのよい日なた）（3～10月）、遮光（30%）（7～9月）、室内、フレーム（日当たりのよい）（11～12月）
水やり	控えめ（月に1～2回）（1～2月）、（鉢土の表面が乾いたら）たっぷり（3～4月）、たっぷり（※）（5～7月）、（鉢土の表面が乾いたら）たっぷり（8～9月）、（※）（10月）、控えめ（月に1～2回）（11～12月）
施肥	元肥、追肥（元肥を施したものは不要）（4～5月）、追肥（元肥を施したものは不要）（8～9月）
作業	植え替え（挿し木、接ぎ木）タネまき（4～6月）、植え替え（8～9月）、殺虫剤散布（3月、7月、9～10月）

※鉢土の表面が乾いてから2～3日後

（ドラゴンフルーツ）
大輪の白い花を咲かせる。

Hylocereus

ヒロケレウス属

〔サボテン科〕

メキシコからペルーの森林地帯に24種が分布し、森林地帯の樹木に着生する。ゲッカビジンのような花が、強い芳香を放って夜に咲く。英名の「ドラゴンフルーツ」の名で流通し、果実を食用にするが、近年は園芸用として苗が出回る。森林性のサボテンで、気根を出して樹木に着生するため、栽培には支柱が必要である。旺盛に育つが、日光が不足すると実つきが悪くなる。寒さに弱いので、8℃以下になる地域では室内に取り込み、断水して栽培すると0℃近くまで耐える。

生育型	根のタイプ	難易度	原産地
夏型	細根	****	メキシコ、ペルー

（ドラゴンフルーツ）果実を生食する。
白実種は果肉が白色。

白実種の苗（左）
赤実種の苗（右）

ドラゴンフルーツ

H.undatus

「ピタヤ」、「白蓮閣【びゃくれんかく】」とも。樹木に絡まったり岩の上を這って10m以上も伸びる。

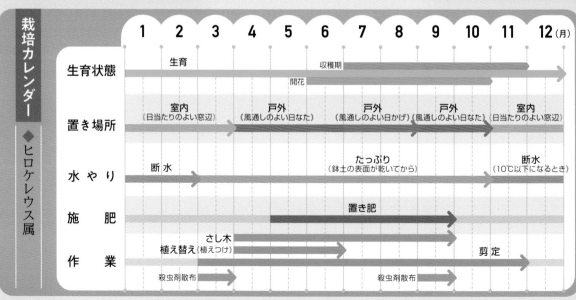

ミニドラゴンフルーツ

Epiphyllum phyllanthus

ドラゴンフルーツとは別属で「石化月下美人【せっかげっかびじん】」とも。生長しても20～40㎝なので、狭い場所でも栽培可能。果実は食べられる。

栽培カレンダー ◆ヒロケレウス属

	1	2	3	4	5	6	7	8	9	10	11	12（月）
生育状態		生育			開花	収穫期						
置き場所		室内（日当たりのよい窓辺）			戸外（風通しのよい日なた）		戸外（風通しのよい日かげ）		戸外（風通しのよい日なた）		室内（日当たりのよい窓辺）	
水やり	断水						たっぷり（鉢土の表面が乾いてから）					断水（10℃以下になるとき）
施肥							置き肥					
作業		植え替え（植えつけ） 殺虫剤散布	さし木					殺虫剤散布			剪定	

Mammillaria
マミラリア属

〔サボテン科〕

他のサボテンと異なり稜がなく、らせん状に並ぶ細かなイボに覆われている。一般に中・小型種で、形態は球形、楕円形、子吹きをして群生するものなど多様。傷をつけると乳汁を出し、株の上部にかわいらしい花を一斉に咲かせるのが特徴。

強光線を好む丈夫な品種が多く、弱い光線で育てると間延びするので注意する。特に、羽毛や真綿のような白刺をもつ白刺マミラリア類は、長時間日光に当てると白刺が美しくなる。また、雨に当てず、水も株元に静かに注ぐようにする。

生育型	根のタイプ	難易度	原産地
夏型	細根	＊＊＊＊	北米、南米

希望丸（きぼうまる） M.albilanata

メキシコのゲレロ州原産。ふつう単幹で、灰緑色、イボのわきに白毛を多くつける。紫紅色の花を多数つける。

赤花高砂（あかばなたかさご） M.bocasama 'Roseiflora'

球状。縁刺は白毛状で中刺はふつう１本で鉤状になる。春にピンクの花を咲かせる。

〈花〉

琴糸丸（きんしまる） M.(Dolichothele)camptotricha

イボ状の細長い突起をもつ肌と長めの刺が特徴で、よく子を吹いて群生するので育てやすい。白からクリーム色の花を、もつれるように絡んだ刺の下で開く。

長刺白竜丸（ながとげはくりゅうまる） M.compressa

「白竜丸」のなかで、刺が特に長い個体をこの名で呼び、人気がある。

白竜丸（はくりゅうまる） M.compressa

径５～8㎝の短円筒形。子吹きして群生する。淡緑色でイボは低く、先端が赤褐色の白い刺をつけるが、全体に赤褐色の刺もある。

雲峰（うんぽう） M.(Krainzia) longiflora

ふつう単幹で、ときに子吹きする。肉質は軟らかく、稜はイボ状で、先端が鉤状になる赤褐色の刺をつける。紫桃色の花を春に咲かせる。

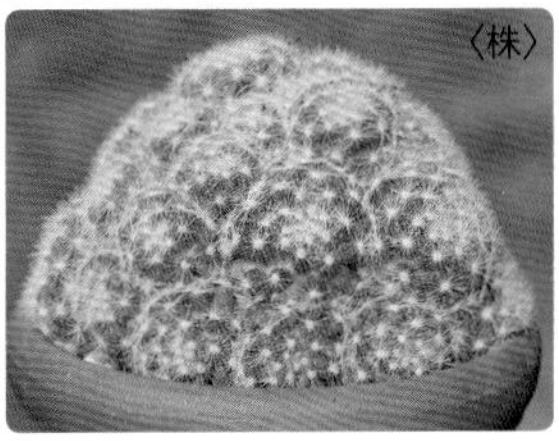

〈株〉

子を吹いて群生した姿。

満月（まんげつ） M.candida

「雪白丸【せっぱくまる】」とも。扁球～球形で、後に短円筒形になり径9～10㎝の大型種。単幹、または子吹きして群生する。

ぎん て まり
銀手毬
M.gracilis

長球形から短円筒形で、径 2～2.5㎝の小型種。よく子を吹いてマット状に広がる。褐色の中刺は後から出る。花は帯黄白色で、花びらに褐色の中筋がある。

ぎょくおう でん
玉翁殿
M.hahniana f. lanata
M.hahniana var.

短円筒形で、径8㎝。子吹きして群生する。イボのわきから、白い長毛を出して密生するのが特徴。紫紅色の花を春に咲かせる。

たま おきな
玉翁 M.hahniana

球形から後に長球状になる。イボのわきに白毛と白い剛毛があり全体を覆うが、白毛の目立たないもの、刺が黒味を帯びるものもある。

（玉翁の毛が長いタイプ）
玉翁には白毛の長短があり、長い白毛をもつものを「長毛玉翁【ながけたまおきな】」と呼んでいる。

しら ぼし やま
白星山 M.sphacelata

よく子吹きして群生する。

つき かげ まる
月影丸
M.zeilmanniana

カギ状の刺をつけた花が美しい小型種。単幹から後に基部から子吹きして群生する。春に鉢巻状に上部をとり巻いて花が咲く。

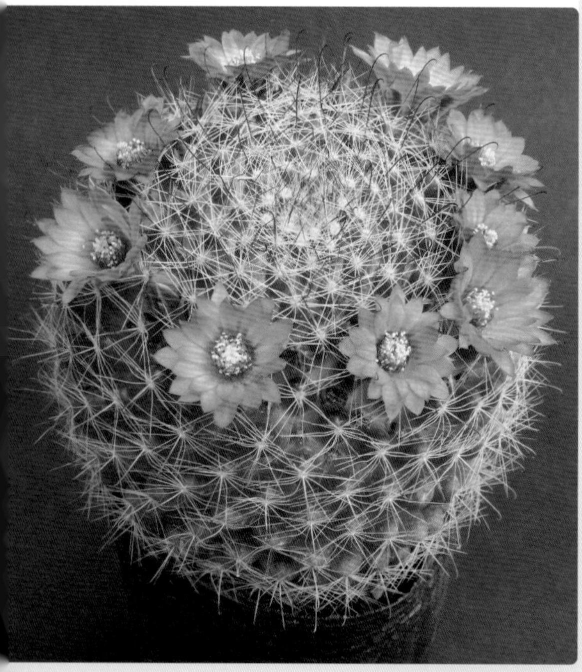

ひ おどし
緋縅
M.mazatlanensis

円筒形で、径4㎝、高さ12㎝。下部からたくさんの子を吹いて群生する強健種。春～夏に紫紅色の花を咲かせる。

はる ぼし
春星 M.humboldtii

メキシコのイダルゴ州原産。単幹、または子吹きして群生する。体径4～5㎝の小型種で、羽毛状の細い刺に覆われる。花は紫桃色。

金星 M.(Dolicothele) longimamma

球形で、単体の径は10㎝前後で、イボは長大で軟らかい。子吹きして群生し、明るい黄色の花を春から初夏に咲かせる。

月宮殿 M.(Mamillopsis) senilis

球形で後に短円筒形になり、径4～8㎝、高さ6～12㎝。子吹きして群生する。透明白色の鉤刺をつけ、鮮紅色の花をつける。

〈花〉

花は径5㎝ほどで、夜も開いている。

猩々丸 M.spinosissima

ふつう単幹で時に子を吹く。円筒形で径10㎝、高さ約30㎝。刺の色が赤いものをこの名で呼び、濃赤色のものは「新猩々丸」。

霧棲丸 M.woodsii

単幹で径約8㎝。初め球状で後にやや丈が高くなる。イボのわきに白い毛を多数もつ。花は紫紅色で春咲き。

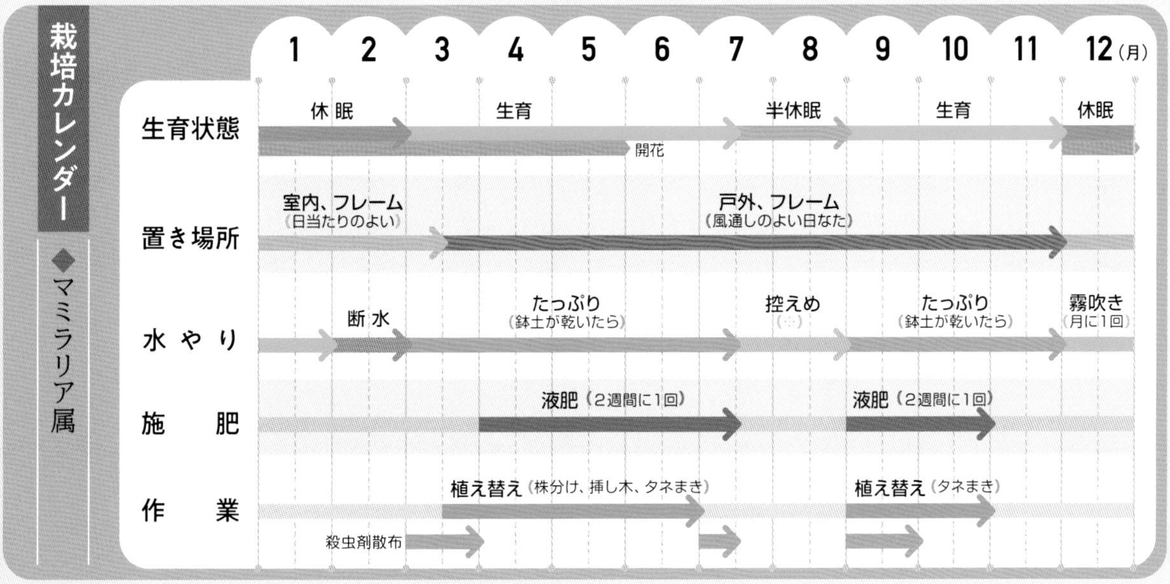

※鉢土が十分に乾いてから3～4日後

Melocactus
メロカクタス属

〔サボテン科〕

ほぼ熱帯圏内に100種以上が知られ、サボテンの中では最も早くヨーロッパに紹介されたことで有名。「ディスコカクタス」とともに「花座サボテン」の一つで、植物が帽子をかぶったように見えるので「トルコ帽のサボテン」の愛称がある。暖かい地域に自生するので、冬は6～7℃以上に保って管理する。

光雲（こううん） メロカクタス属の中型種。
M.communis(espinoso)

生育型	根のタイプ	難易度	原産地
夏型	細根	＊＊＊＊	中南米 など

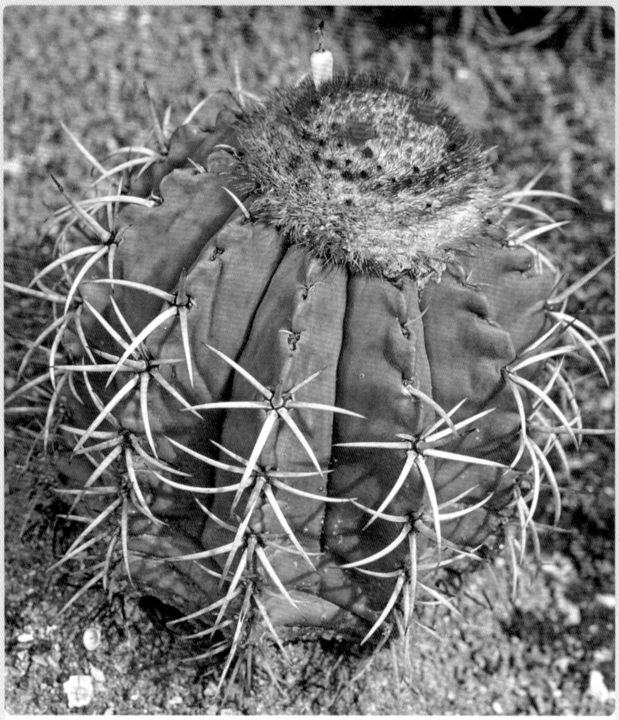

涼雲（りょううん）
M.bahiensis

単幹で球径10㎝、高さ15㎝程度。球状で後にやや丈が高くなる。暗緑色の肌で、初め褐色で後に灰白色になる刺をつける。

姫雲（ひめぐも） M.concinnus

ブラジル原産。単幹で球形。白い刺が濃緑色の肌に映えて美しい。頂部の円筒状の花座は、白い羊毛状の毛と赤い剛毛がある。

茜雲（あかねぐも） M.ernestii

ブラジル原産。単幹で緑色の球形。頂部につく花座は径、高さとも6㎝、白い羊毛状の毛と赤い剛毛がある。果実はピンク。

マクロスディスクス
M.macrodiscus

ブラジル原産。単幹で円筒形。赤いトルコ帽のような花座を出し、その中にピンクの小さな花がのぞくように咲く。

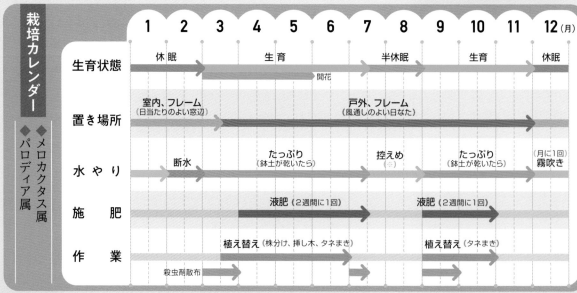

栽培カレンダー

◆メロカクタス属
◆パロディア属

	1	2	3	4	5	6	7	8	9	10	11	12（月）
生育状態	休眠		生育				半休眠		生育			休眠
			開花									
置き場所	室内、フレーム（日当たりのよい窓辺）		戸外、フレーム（風通しのよい日なた）									
水やり		断水	たっぷり（鉢土が乾いたら）				控えめ（※）		たっぷり（鉢土が乾いたら）			（月に1回）霧吹き
施肥				液肥（2週間に1回）					液肥（2週間に1回）			
作業			植え替え（株分け、挿し木、タネまき）						植え替え（タネまき）			
			殺虫剤散布				殺虫剤散布		殺虫剤散布			

※鉢土が十分に乾いてから3～4日後

〈雪晃の花〉
花は長い間咲き続ける。

Parodia
パロディア属

〔花サボテン〕

　アルゼンチン北部、ボリビア、パラグアイ～ブラジル中南部までに100種以上が分布し、南アメリカ産の玉形サボテンの仲間の大きなグループである。扁球形から円筒形に育ち、刺とともに色彩に富んだ花を咲かせる。
　花は漏斗状で球体の頂点につき、多花性で一度に数輪が咲く。カギ状の刺をもつものもあるので、注意する。耐寒性、耐暑性があるが、蒸れには弱いので夏は雨を避ける。また、水はけが悪いと根腐れを起こすので、2年に1度は植え替える。

生育型	根のタイプ	難易度	原産地
夏型	細根	****	中南米

雪晃（せっこう） P.(Brasilicactus) haselbergii

ブラジル南部原産。直径10～15㎝の扁球形で、白い細刺に包まれる。冬～春咲き。多花性で花径3㎝の緋赤色の花を咲かせる。

錦繍玉（きんしゅうぎょく）
P.aureispina

アルゼンチンのサルタ州原産。単幹で球形、径6㎝、高さ10㎝ほど。鮮緑色の肌に黄金色の刺をつける。花も黄金色。

ワラシー P.(Eriocactus) warasii

ふさふさした金色の細い刺が魅力。クリーム色の花を咲かせる。

銀粧玉（ぎんしょうぎょく）
P.nivosa

アルゼンチンのサルタ州原産。単幹。球形～短円筒形で、径8㎝、高さ15㎝。明緑色の肌に白い針状の刺をもつ。花は赤。

マグニフィクス
P. (Eriocactus) magnifica

「栄冠玉【えいかんぎょく】」とも。青緑色に白粉をよそおい、単幹、あるいは子吹きして群生する。刺座にフェルト状の綿毛をつけ、刺は毛髪状。

すみれ丸 *P.(Notocactus) werneri (uebelmannianus)*

「しゃくやく丸」とも。扁球形でごくまれに子吹きする。花は濃紫紅色だが、実生から黄花を咲かせるものもある。

青王丸 *P.(Notocactus)ottonis*

濃緑色で、下部から子吹きして株立ちする。稜は丸くて低い瘤状になり、淡黄～赤褐色の刺をつける。濃黄色の花を咲かせる。

緋繍玉 *P.sanguiniflora*

アルゼンチンのサルタ州原産。単幹で、球径7～8㎝の小型種。刺座は白毛をもち、春にメタリックな真紅の花を咲かせる。

黄花雪晃 *P.(Brasilicactus) haselbergii hyb.*

「黄雪晃【きせっこう】」と「雪晃」の交配種。単幹で、低球形で径10㎝。黄色い花は径2～2.5㎝、雪晃より小さいが多数つく。

金晃丸

P.(Eriocactus, Notocacutusu) leninghausii

黄色の長い刺に覆われ円筒状に生長し、群生する。金髪のような軟らかい刺が美しい。大株になると黄色の大形の花を開く。

栽培カレンダー➡P142

Ariocarpus
アリオカルプス属
〔サボテン科〕

一見、岩や石を思わせるサボテン。「牡丹類」と呼ばれるグループのひとつで、サボテン類では最も生長が遅い。イボは稜が変形したもので、形状に個体差がある。刺はなく刺座の痕跡だけが残り、イボのわきに綿毛をつけ、頂上部は毛に覆われる。

地味な姿の割には直径10cm以上もある大きな花を咲かせる。花は頂上付近のイボの付け根から出て、日本では初秋から晩秋にかけて咲く。牡丹類の一つだったロゼオカクタス属は現在本属に統合されている。

生育型	根のタイプ	難易度	原産地
夏型	細根、太根	＊＊＊＊	メキシコ

亀甲牡丹 A.fissuratus
低球形で、直径8～9cm。暗緑色で、頂部が平らで刺座の白い毛が美しく、三角形の葉の表面に亀甲模様がある。花は紫紅色。

花牡丹 A.furfuraceus
「特シワいぼ花牡丹」とも。体色は灰青緑色。イボの幅が広く、イボ状の突起がある。強い直射日光が当たるとイボが赤紫になることがあるので注意する。

玉牡丹 A.retusus
メキシコのサン・ルイス・ボトシ州原産の「岩牡丹」の園芸選抜品で、葉幅が広く肉厚のものをこの名で呼んでいる。

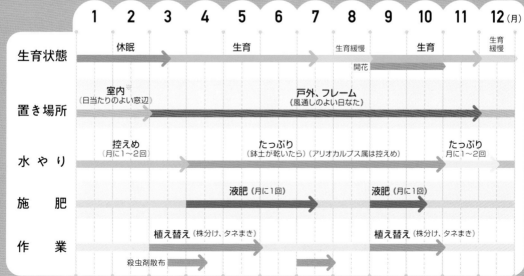

栽培カレンダー
◆アリオカルプス属
◆ロフォフォラ属

	1〜12(月)
生育状態	休眠（1〜3月）→ 生育（3〜7月）→ 生育緩慢（7〜9月）→ 生育（9〜12月）→ 生育緩慢（12月）／開花（9〜10月）
置き場所	室内※（日当たりのよい窓辺）（1〜3月）→ 戸外、フレーム（風通しのよい日なた）（3〜12月）
水やり	控えめ（月に1～2回）（1〜3月）→ たっぷり（鉢土が乾いたら）（アリオカルプス属は控えめ）（3〜10月）→ たっぷり 月に1～2回（11〜12月）
施肥	液肥（月に1回）（4〜7月）、液肥（月に1回）（9〜10月）
作業	植え替え（株分け、タネまき）（3〜5月）、植え替え（株分け、タネまき）（9〜10月）／殺虫剤散布（3〜4月、7〜8月）

※5℃以下にしない

Astrophytum
アストロフィツム属

〔サボテン科〕

白い綿毛の斑点が星をちりばめたように肌に散らばることから「有星類」と呼ばれ、兜系、鸞鳳玉系、瑞鳳玉系、般若系の4つに大別される。

刺のないものもあり、それぞれの種に変異が多く、いわゆる「顔ちがい」を楽しむコレクターも多い。基本は、稜数は8つ、花色は黄色で、ほかに斑入り種もある。寒さに弱いので、冬は5℃以上を保ち、完全に水を切らず月に1～2回程度さっと軽く与える。

生育型	根のタイプ	難易度	原産地
夏型	細根	✱✱✱✱	北アメリカ、メキシコ

赤花兜 A.asterias

紫紅色の花色で、底部は濃い赤に染まる。

兜丸 A.asterias

「兜」とも。単幹で扁球形。稜の背に連なる刺座は円形の毛でできたイボで、刺はない。肌に星点が散らばり、整然と気品がある。

〈花〉黄花の底は橙色で花径6～10㎝。花期は3～10月で断続的に咲く。

兜錦 A.asterias f. variegata

メキシコのタマウリパス州、ヌエボレオン州、アメリカのテキサス州原産の「兜丸」の黄斑種。

瑞鳳玉 A.capridorne

単幹で後に円柱状になり、高さ30㎝にもなる。星点が密につくもの、まばらなものがあり、大輪の黄色い花を咲かせる。

鸞鳳玉錦 A.myriostigma f. variegate

メキシコ中・北部原産の「鸞鳳玉」の斑入り品種。刺は全くなく、星点の目立つ肌に赤やピンク、黄色、淡緑色の斑が入る。

タマウリパス型鸞鳳玉（がたらんぽうぎょく）

A.myriostigma var. strongylogonum

「鸞鳳玉」のなかで、稜が厚く鈍角で、花が比較的大きなタイプをこの名で呼んでいるが、両者の明確な区分は難しい。

碧瑠璃鸞鳳玉錦（へきるりらんぽうぎょくにしき）

A.myriostigma var. nudum

単幹で、初め球状で生長するにしたがって丈が高くなる。「鸞鳳玉」のなかで、まったく白い点のないものをこの名で呼ぶ。

鸞鳳玉（らんぽうぎょく） A.myriostigma

植物体は白点に覆われ、初め球状で後に柱状になり、高さ50〜60cm、径16〜17cm。稜の基本数は5。黄色の花を咲かせる。

般若（はんにゃ） A.ornatum

初め球状で、後に円柱状に生長する。体色は暗緑色。ふつう稜数は8で、鋭い金色の刺をつける。黄色い花を咲かせる。

ポトシ型碧瑠璃鸞鳳玉（がたへきるりらんぽうぎょく）

A.myriostigma var. potosinum subvar. glabrum

単幹で、初め球状で後に柱状になる。「鸞鳳玉」と同じ形だが、白点がない。「碧瑠璃鸞鳳玉」との区別は難しい。

栽培カレンダー ◆アストロフィツム属

	1	2	3	4	5	6	7	8	9	10	11	12(月)
生育状態	休眠				生育			生育緩慢		生育		生育緩慢
				開花								
置き場所	室内（日当たりのよい）					戸外（風通しのよい日なた）						
水やり	控えめ（月に2回）					たっぷり（鉢土が乾いたら）					たっぷり（月に1〜2回）	
施肥				液肥（月に1回）					液肥（月に1回）			
作業			植え替え（タネまき）						植え替え（タネまき）			
			殺虫剤散布				殺虫剤散布					

Echinocactus
エキノカクタス属

〔サボテン科〕

　アメリカのネバダ、ユタ、カリフォルニア、アリゾナ、ニュー・メキシコの各州からメキシコ南部にかけて9種が分布。一般に大球に育ち、太く鋭い刺で覆われ、サボテンの代表といわれるように風格があり、球頂部が綿毛に覆われて美しい。

　花は30～40年近く生長しないと咲かないといわれ、球体の割には小さな地味な花を多数咲かせる。風通しがよければかなり強い日照にも耐え、日当たりが悪いと刺もひ弱なものになる。特に春と秋は十分日光に当てることが大事。

生育型	根のタイプ	難易度	原産地
夏型	細根	＊＊＊＊	アメリカ合衆国、メキシコ

金鯱 きんしゃち　*E.grusonii*

巨大球になり「サボテンの王様」と呼ばれ、貫録がある。開花までに時間がかかり、球径が40㎝以上にならないと花がつかない。

球体のわりには小さな花で、日照があるときに開く。〈花〉

鬼頭丸 きとうまる　*E.visnaga*

小～中型の球形だが、長く育てていると丈が高くなる。灰緑色～暗緑色の肌で、頂部に綿毛を蓄える。

白刺金鯱 しろとげきんしゃち　*E. grusonii var. albispinus*

栽培品から出現したもので、丈夫で生長は早い。新しく出た刺は赤みをおびているが、すぐ白くなる。実生でふやす。

春雷 しゅんらい　*E.palmeri*

単幹。球形だが古くなると丈が高くなる。暗褐色の鋭い刺が真っ直ぐ突き出る。夏に花径7㎝くらいの黄色い花をつける。

栽培カレンダー

◆エキノカクタス属
◆テロカクタス属
◆フェロカクタス属

	1	2	3	4	5	6	7	8	9	10	11	12 (月)
生育状態	休眠		生育					半休眠		生育		休眠
					開花							
置き場所	室内、フレーム (日当たりのよい窓辺)			戸外、フレーム (風通しのよい日なた)								
水やり	断水		たっぷり (鉢土が乾いたら)				控えめ (※)		たっぷり (鉢土が乾いたら)			(月に1回) 霧吹き
施肥				液肥 (2週間に1回)					液肥 (2週間に1回)			
作業			植え替え (株分け、タネまき)						植え替え (タネまき)			
	殺虫剤散布											

※鉢土が十分に乾いてから3～4日後

Gymnocalucium

ギムノカリキウム属

〔サボテン科〕

アルゼンチン、ウルグアイ、パラグアイ、ボリビア、ブラジルの一部などに95種があり、刺、色、形、花など変化に富む。ほかのサボテンのように綿毛や刺に覆われることがないのが特徴である。性質はかなり強健だが、真夏の高温を嫌い、軟らかい日差しを好むので、遮光ネットを張って強光線から守るとよい。

生育型	根のタイプ	難易度	原産地
夏型	太根	＊＊＊＊	南アメリカ

翠晃冠（すいこうかん） *G.anisitsii*

扁球～球形で、単幹、ときに子を吹く。体径11～13㎝。くすんだ緑色で、黄白色の刺をつける。花は白色～ピンク色。

緋牡丹錦（ひぼたんにしき） *G.mihanovichii var. friedrichii cv. 'Hibotan-Nishiki'*

球体に横縞が入る「牡丹玉【ぼたんぎょく】」の紅斑種。全体に斑が散るものもあり、いずれも栽培が難しい。直射日光には弱いため、遮光して管理する。

海王丸（かいおうまる） *G.denudatum cv.*

緑から暗緑色の扁球状で、球径は12～15㎝。刺が強くカーブし、肌に密着する。花は純白。赤色系の花をつけるものを「赤花海王丸」という。

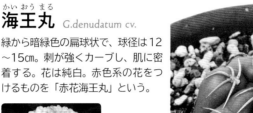

(赤花海王丸) 濃いピンクなど、赤色系の花を咲かせる。

緋花玉綴化（ひかだませっか） *G.baldianum f. cristata*

アルゼンチンのカタマルカ州原産の「緋花玉」の綴化種。暗緑色の植物体に黄灰色～灰白色の刺をつける。赤花は春～夏咲き。

黄牡丹(左)、黒牡丹(右)

緋牡丹（ひぼたん） *G.mihanovichii v. friedrichii cv.*

葉緑素をもたない突然変異から日本で誕生した品種。全体が鮮やかな赤い色をして光合成ができないため、接ぎ木で出回っている。濃いピンクの花を咲かせる。

翠晃冠錦（すいこうかんにしき） *G.anisitsii f. variegata*

パラグアイ原産の「翠晃冠」の斑入り品種。黄色やオレンジの斑が入るが、斑の入り方には個体差がある。

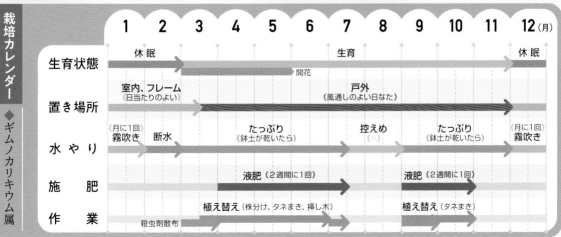

栽培カレンダー ◆ギムノカリキウム属

	1	2	3	4	5	6	7	8	9	10	11	12(月)
生育状態	休眠	休眠	生育（3～11月）、開花（3～5月）									休眠
置き場所	室内、フレーム（日当たりのよい）			戸外（風通しのよい日なた）（3～11月）								
水やり	(月に1回)霧吹き	断水	たっぷり（鉢土が乾いたら）（3～6月）				控えめ（※）（7～8月）		たっぷり（鉢土が乾いたら）（9～11月）			(月に1回)霧吹き
施肥				液肥（2週間に1回）（4～6月）					液肥（2週間に1回）（9～10月）			
作業		殺虫剤散布	植え替え（株分け、タネまき、挿し木）（3～6月）						植え替え（タネまき）（9～10月）			

※用土が十分に乾いてから3～4日後

Lophophora

ロフォフォラ属

〔サボテン科〕

アメリカのテキサス州南部～メキシコ中心部に３種が分布する。扁球状の球体の下には、体長の2.5倍もある大きな根がある。灰青色、または灰緑色をした、刺がなく多肉質で軟らかな姿は、ふかふかのお饅頭のような感じがする。

刺座から長い軟毛を出し、老株になると頂部が軟毛で覆われる。花は頂生し、白やピンクの花が綿毛の中から現れる。日の当たる場所に置くが、真夏は遮光して日焼けを防ぐ。水をやるときは綿毛にかからないように注意する。

生育型	根のタイプ	難易度	原産地
夏型	太根	＊＊＊＊	アメリカ合衆国、メキシコ

翠冠玉 *L.lutea*

球形の単幹で、古くなると子吹きする。稜は低く目立たず、刺座【しざ】の毛は長くふさふさしている。花は白～薄いピンク。

烏羽玉 *L.williamsii*

はじめ単幹で後に子を吹いて群生する。体色は白粉を吹いたような青緑色。生長に従い刺座から綿毛を出す。刺はない。

花は直径約２㎝で、淡いピンク。

仔吹烏羽玉錦 *L.williamsii f. variegata*

「烏羽玉」の斑入り種で、子吹きもよくさまざまなタイプの斑入りが誕生するので、育てる楽しみもふえる。

栽培カレンダー➡P145

（多彩玉の姿）
長くうねる刺が球体を覆う。

Eriosyce

エリオシケ（ネオポルテリア）属

〔サボテン科〕

南アメリカのチリに分布し、南アメリカ産球形サボテン類のグループに属する。形状は球形から円筒形までさまざま。小型で、直径7～9㎝程度。ピンク系の花が頂部に群生するネオポルテリア属も現在はエリオシケ属に統合されている。

日光が好きなので、日当たりのよい雨の当たらないベランダなどに置き、十分に日光に当てて徒長を防ぐ。ただし、夏場は遮光して風通しよく育てる。冬は室内に取り込み、水やりを控え、冬でも半日くらい日に当てたほうがよい。

生育型	根のタイプ	難易度	原産地
冬型	主根＋太根	＊＊＊＊	チリ

多彩玉（たさいぎょく）

E.(Neoporteria) nidus

球形で後に円筒状に育つ。多数の刺が密生して球体を覆う。刺色は淡黄色から黒褐色までいろいろ。早春～春に花をつける。

〈花〉

（多彩玉の花）紅～紫紅色の花をつける。

銀翁玉（ぎんおうぎょく）

E.(Neoporteria) nidus

球形から後に円筒状になる。刺は剛毛状で軟質と硬質があり、色の変異に富み、よく似た「白翁玉【はくおうぎょく】」と区別がつかない。

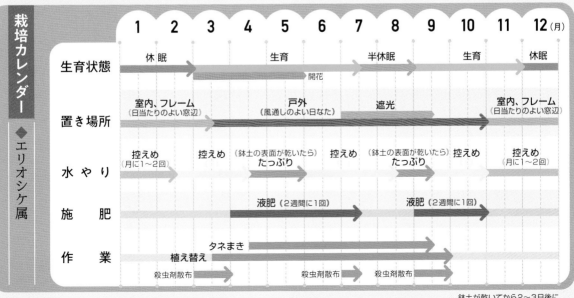

栽培カレンダー

◆エリオシケ属

1 2 3 4 5 6 7 8 9 10 11 12（月）

- **生育状態**：休眠（1～2月）／生育（3～6月）、開花（3～5月）／半休眠（7～8月）／生育（9～10月）／休眠（11～12月）
- **置き場所**：室内、フレーム（日当たりのよい窓辺）（1～2月）／戸外（風通しのよい日なた）（3～10月）、遮光（7～9月）／室内、フレーム（日当たりのよい窓辺）（11～12月）
- **水やり**：控えめ（月に1～2回）（1～2月）／控えめ（3月）／（鉢土の表面が乾いたら）たっぷり（4～5月）／控えめ（6月）／（鉢土の表面が乾いたら）たっぷり（7～8月）／控えめ（9～10月）／控えめ（月に1～2回）（11～12月）
- **施肥**：液肥（2週間に1回）（4～6月）／液肥（2週間に1回）（9～10月）
- **作業**：タネまき（4～8月）／植え替え（3～9月）／殺虫剤散布（2～3月）／殺虫剤散布（6月）／殺虫剤散布（8～9月）

鉢土が乾いてから2～3日後に

Thelocactus

テロカクタス属

〔サボテン科〕

アメリカのテキサス州からメキシコのケレタロ州に約20種が分布する。多くは10cm程度の中型種で、球体は球形、長球形、扁形球など。刺は短刺、長刺、太い強刺、直刺、曲刺などで、その色も白、赤、黄、褐色と変化に富む。刺、姿のバランスとともに、球頂より出て咲く美しい花も楽しめる。

生育型	根のタイプ	難易度	原産地
夏型	細根	★★☆☆	アメリカ合衆国、メキシコ

緋冠竜 T.hexaedrophorus var. fossulatus

「天晃【てんこう】」の変種とされるが、独立種としても扱われる。13ある稜が大きなイボに分かれ、暗紅色の刺をつける。

大統領 T.bicolor

個体変異が多いが、ふつう単幹で、短円筒形～円柱状、径6～10cm、高さ20cm。春に紫紅色で底部が濃色の花をつける。

紅鷹

T.heterochromus

「多色玉【たしょくだま】」とも。単幹で扁球形、径12～15cm。灰緑～灰青緑色の肌に太い刺をもつ。紫紅色の花は底部が濃色になる。

栽培カレンダー→P148

スーパー バラ丸

T.vaidezianus

単幹で長球形。体色は濃緑色で、繊細な羽毛状の白い刺に覆われる。黒紫色のつぼみから紫紅色の花を開く。

Turbinicarpus

ツルビニカルプス属

〔サボテン科／球サボテン〕

メキシコのタマウリパス州などに9種が分布している小型のサボテン。場所をとらず、姿かたちがよく、長期間花を咲かせるので人気がある。球径は2～3cmで、大きくなっても5cmどまりのため、大きめの鉢に植えると水分が多くなって失敗するので注意する。半休眠や休眠期は完全断水は避け、乾かし気味に水を与える。

生育型	根のタイプ	難易度	原産地
夏型	細根	★★☆☆	メキシコ

アロンソイ

T.alonsoi

メキシコのグアナファト州原産。単幹。径6～7cmの球形で、イボがよく目立つ。この仲間では最大のイボで、長さ1cmほどある。

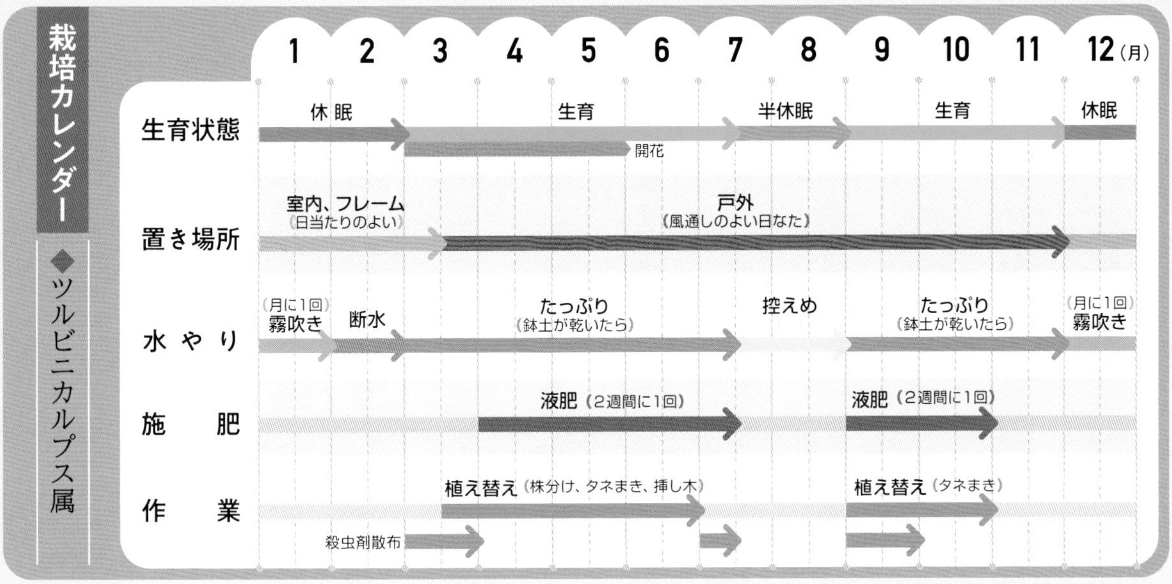

用土が十分に乾いてから3～4日後

（巨鷲玉）球頂部より黄花を開く。

Ferocactus

フェロカクタス属

〔サボテン科〕

アメリカのネバダ、ユタ、アリゾナ、ニュー・メキシコ、テキサスの各州と、メキシコのカリフォルニア半島などに39種が分布する。サボテンのなかでも最も強大な刺をもつ。球形から後に柱状になるものが多く、刺の色も鮮紅色、紫色、黄色、褐色など変化に富み、球体をとり巻くように密集する。

生育型	根のタイプ	難易度	原産地
夏型	細根	＊＊＊＊	アメリカ合衆国、メキシコ

巨鷲玉（きょしゅうぎょく） *F.horridus*

単幹。球形から後に円柱形になり100㎝ほどの高さになる。稜が高く稜の間の谷も深い。暗赤色の強刺をつけ、黄色い花をつける。

ポッツィイ *F.pottsii*

ポットシーとも。刺がよく発達する強刺類のフェロカクタスの中では、刺はまばらな状態。丈夫でよくふえる。

〈刺〉

栽培カレンダー➡P148

Opuntia

オプンティア属

〔サボテン科〕

自生地はアメリカ大陸で、カナダ、アメリカ、メキシコを経てアルゼンチンに至る広い範囲に約250種が分布し、サボテン科のなかでは最大の属である。扁平ウチワの代表で、多肉質の茎が関節状にくびれて、茎節が長さ50㎝になるものから指先ほどのものまでさまざまなサイズがある。ウサギの耳のような姿が可愛らしい。

生育型	根のタイプ	難易度	原産地
夏型	太根	＊＊＊＊	アメリカ大陸

ロブスタ O.robusta

「御鏡【みかがみ】」、「大丸盆【おおまるぼん】」とも。茎節は大きく肉厚で、円形か長楕円形。青緑色で白粉を吹き、よく分枝する。花は黄色。

〈花〉

初日の出 O.vulgaris

「単刺団扇【たんしうちわ】」と呼ばれるもので、茎節は長楕円形。白斑が入るものを「初日の出」という。白色部は紅色を帯びることもある。

金武扇 O.dillenii (O.tuna)

分枝が多くよく群生する。茎節は倒卵形ないし長楕円形で、長さ7～40㎝。花はレモン色だが系統によっては赤花をつける。

青海波 O.lanceolata f. crist

ランセオラータの石化【せっか】品種で、大きくなるにつれてシワもふえていく。太陽光が好きなので、日当たりのよい場所で管理する。

大型宝剣 O.maxima

日本に最初に渡来したサボテンで、渡来は江戸時代。分枝が多く、樹木状になる。茎節はへら形で長さ35㎝、刺はほとんどない。

墨烏帽子 O.rubescens

刺のないサボテンで、大きく育っても室内のインテリアに最適。茎節のない姿から「万歳【ばんざい】サボテン」の愛称で親しまれている。

白桃扇 O.microdasys var.albispina

「金烏帽子【きんえぼし】」の白刺変種で、白くて細かい刺に覆われる。「白烏帽子【しろえぼし】」や「象牙団扇【ぞうげうちわ】」とも呼ばれ、バニーカクタスの愛称がある。

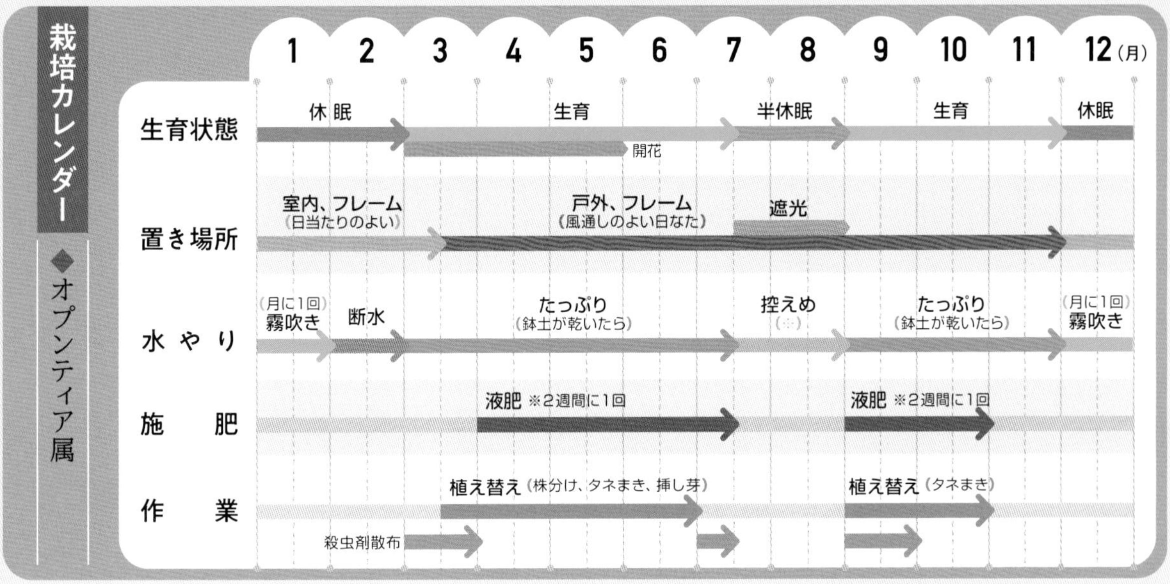

用土が十分に乾いてから3～4日後

まつかさうちわ
松笠団扇 *T.articulatus var. inermis*

アルゼンチン西部原産。茎節は紫を帯びた灰緑色で長楕円形、刺はほとんどない。蒸し暑い夏を嫌うので、夏は水を控える。

Tephrocactus

テフロカクタス属

〔サボテン科〕

ペルー中・南部、チリ、ボリビア、アルゼンチンなどに約80種が分布する。属名は「灰（白）色のサボテン」の意で、仲間の植物の色に因む。コリノプンチア属と同じ球状ウチワで、丈が低く、群生する。茎節は球形、楕円形、長楕円形などで、ややこぶ状にもりあがった頂部に刺座がつき、多数の芒刺と刺をつける。刺は針状、紙状、剛毛状などさまざまで、黄～紅～赤色の花をまれにつける。

生育型	根のタイプ	難易度	原産地
夏型	細根	＊＊＊＊	南アメリカなど

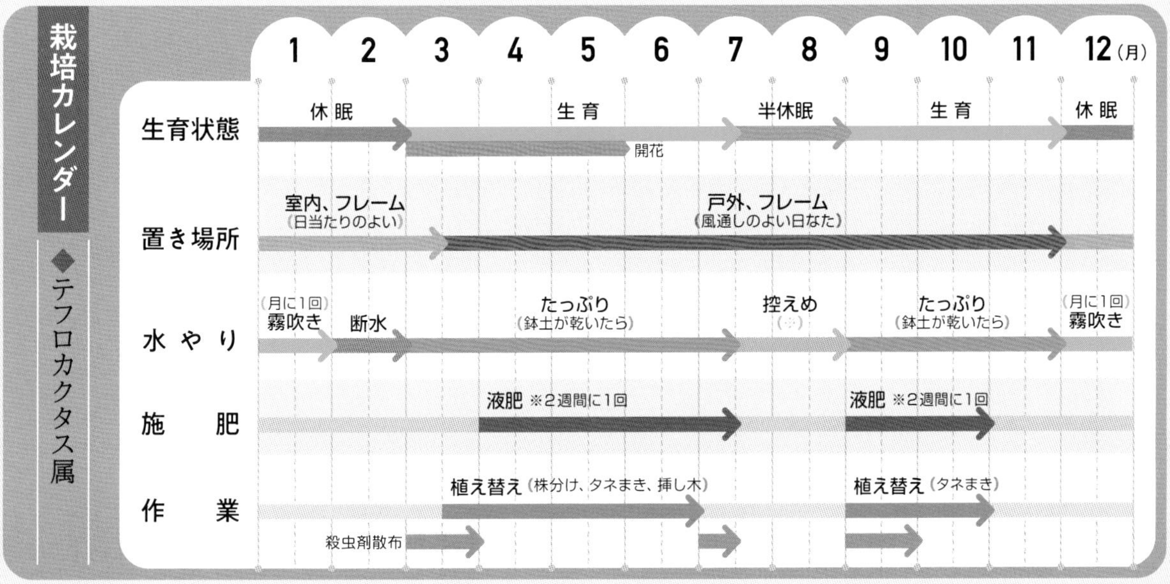

※鉢土が十分に乾いてから3～4日後

Cereus

ケレウス属

〔サボテン科〕

西インド諸島〜南アメリカ東南部に43種が分布している柱サボテンである。幹が長く、稜がはっきりしているので、角柱型、または柱状型柱サボテンと呼ばれるものに分類されている。夜に大きな花を開く。この仲間は丈夫で、古くに渡来し、暖地の軒先や庭でよく見かける。

生育型	根のタイプ	難易度	原産地
夏型	主根＋細根	＊＊＊＊	西インド諸島〜南アメリカ

残雪の峰（ざんせつのみね） *C.spegazzinii f.cristata*

以前はモンビレア属（Monvillea）に属していた。扇を広げたような形になり、頂部の白い綿毛が連なって和名にぴったりの光景に。

連城角（れんじょうかく） *C.neotetragonus*

ブラジル原産。根ぎわから枝を出して直立し、高さ３m程度になる。褐色ないし黒い針状の刺は1㎝以下。赤みを帯びた花を開く。

電磁波サボテンにごまかされるな！

ケレウス属のなかには「電磁波サボテン」と呼ばれているものがあり、電磁波を吸収するなどとまことしやかに喧伝されています。しかしこれは事実ではありません。電磁波の種類は波長によって無限にあるので、どの波長の電磁波を吸収するのか証明しなければ意味がありませんが、それがなされていないからです。

では、「電磁波サボテン」と呼ばれている「フェアリーキャッスル（ペルビアヌスの石化）」は、どんな電磁波を吸収するのでしょうか。植物ですから光合成に必要な太陽光の赤の部分を吸収します。よって反射された他の余色の合計として緑色に見えるわけで、他の植物同様、緑色植物すべて同じであって、何も「フェアリーキャッスル」に限ったことではありません。

お金目当てのインチキ行為を見破る目をもつように勉強しましょう。

ペルーウィアヌス *C.peruvianus*

俗に「電磁波【でんじは】サボテン」と呼ばれているもので、小さな突起が群がったような形になる。強い寒さに当たるとやや赤くなる。

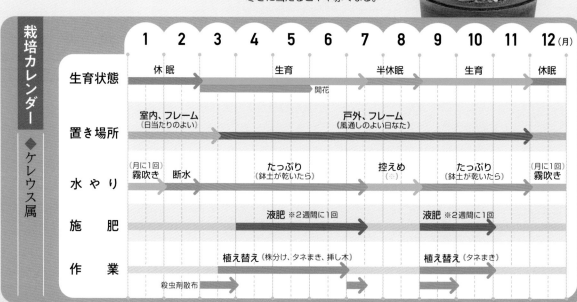

栽培カレンダー ◆ケレウス属

	1〜12（月）
生育状態	休眠 → 生育（開花） → 半休眠 → 生育 → 休眠
置き場所	室内、フレーム（日当たりのよい） → 戸外、フレーム（風通しのよい日なた）
水やり	（月に1回）霧吹き → 断水 → たっぷり（鉢土が乾いたら） → 控えめ（※） → たっぷり（鉢土が乾いたら） → （月に1回）霧吹き
施肥	液肥 ※2週間に1回 → 液肥 ※2週間に1回
作業	植え替え（株分け、タネまき、挿し木） → 植え替え（タネまき） 殺虫剤散布

※鉢土が十分に乾いてから3〜4日後

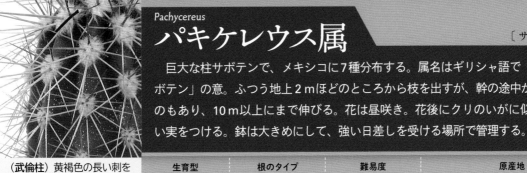

Pachycereus
パキケレウス属

〔サボテン科〕

巨大な柱サボテンで、メキシコに7種分布する。属名はギリシャ語で「太い柱サボテン」の意。ふつう地上2mほどのところから枝を出すが、幹の途中から出すものもあり、10m以上にまで伸びる。花は昼咲き。花後にクリのいがに似た刺の多い実をつける。鉢は大きめにして、強い日差しを受ける場所で管理する。

（武倫柱）黄褐色の長い刺をつける。

生育型	根のタイプ	難易度	原産地
夏型	細根	✳✳✳	メキシコ

ぶ りん ちゅう
武倫柱 *P.pringlei*

メキシコ原産。円柱形で幹の太さは直径60cm。高さ10m以上。株から子を出して群立するが、日本で育てると本来の大きさになるまでには時間がかかる。黄褐色の長い刺をつけ、白い花を開く。

ふく ろく じゅ
福禄寿 *P.(Lophocereus)schotti f. monstrosus*

体色は黄緑色で刺がなく、稜が大小のこぶ状になって不規則に並ぶ。高温を嫌うので風通しよく育てる。胴切り挿し木でふやす。

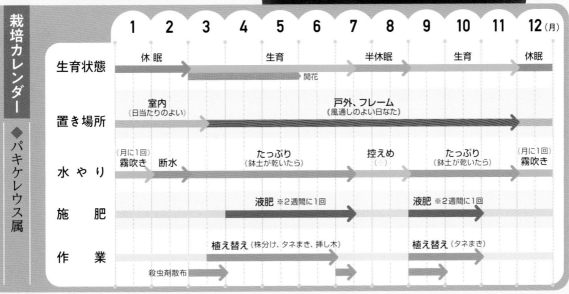

栽培カレンダー
◆ パキケレウス属

	1	2	3	4	5	6	7	8	9	10	11	12 (月)
生育状態	休眠			生育			半休眠		生育			休眠
						開花						
置き場所	室内 (日当たりのよい)					戸外、フレーム (風通しのよい日なた)						
水やり	(月に1回) 霧吹き	断水		たっぷり (鉢土が乾いたら)			控えめ (※)		たっぷり (鉢土が乾いたら)			(月に1回) 霧吹き
施肥				液肥 ※2週間に1回					液肥 ※2週間に1回			
作業			植え替え (株分け、タネまき、挿し木)						植え替え (タネまき)			
	殺虫剤散布											

※鉢土が十分に乾いてから3～4日後

ハティオラ属

Hatiola 〔 サボテン科 〕

着生種で、ブラジル南東部に5〜7種がある。茎節は細い円柱状でリプサリス属に似ているが、花が株の先端にのみつき、刺座につけるリプサリスとは異なる。花は黄色または橙赤色で、日が照っているときだけ開いている。果実は白く熟す。シャコバサボテンによく似たイースターカクタスも、現在はこの属に含まれる。

生育型	根のタイプ	難易度	原産地
冬型	細根	＊＊＊	ブラジル

（イースターカクタス）
淡いピンク花の「フェニックス」

猿恋葦 （さるこいあし）

H.salicornioides

ブラジル南部原産の「葦【あし】サボテン」の仲間。刺はなく、棒状の枝が上に伸びたり下に垂れたりする。花は朱黄色で株の先端に咲く。

イースターカクタス「レッドスター」 *H.gaertneri*

シャコバサボテンに比べるとやや小ぶりで、茎節の縁に突起がなく花形は星状。花筒はシャコバサボテンのように伸びない。

（イースターカクタス）濃いピンク花の「エビータ」

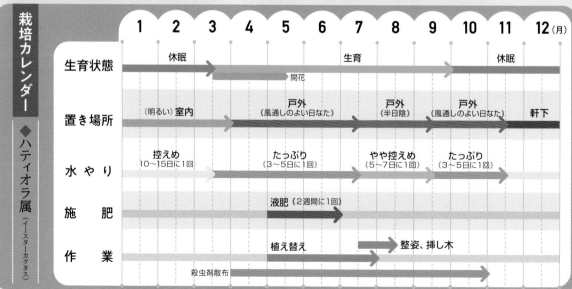

栽培カレンダー ◆ ハティオラ属（イースターカクタス）

	1	2	3	4	5	6	7	8	9	10	11	12（月）
生育状態	休眠			生育							休眠	
			開花									
置き場所	(明るい)室内			戸外（風通しのよい日なた）			戸外（半日陰）		戸外（風通しのよい日なた）			軒下
水やり	控えめ（10〜15日に1回）			たっぷり（3〜5日に1回）			やや控えめ（5〜7日に1回）		たっぷり（3〜5日に1回）			
施肥				液肥（2週間に1回）								
作業				植え替え			整姿、挿し木					
		殺虫剤散布										

Epiphyllum
エピフィルム属
〔サボテン科〕

熱帯アメリカに約16種あり、ほとんど着生種で、大型に育ち、円柱状の茎が木質化する。平べったい肉厚の茎節から大輪の花を咲かせる。漏斗形の花は芳香がある種が多く、花筒部が長く雄しべが多数ある。 本属と、ほかの森林性のサボテン数属との交配から誕生したのがクジャクサボテンで、花形、花色など変化に富む。

生育型	根のタイプ	難易度	原産地
冬型	細根	＊＊＊＊	熱帯アメリカ

孔雀（くじゃく）サボテン
Epiphyllum hybrid

園芸品種として改良され、花色は多彩で豪華に咲く花として親しまれている。写真は古くからある品種「カーペット」。

歌麿呂美人（うたまろびじん）
E.cv.

「月下美人」と「待宵孔雀【まちよいくじゃく】」との交配種。花径約18㎝で、月下美人より小ぶり。開花期の6～10月までの間に、2～3回花を開く。

食用月下美人（しょくようげっかびじん）
Epiphyllum hybrid

月下美人と交配して実をつける。開花後、30～40日で実が熟す。花は白色。

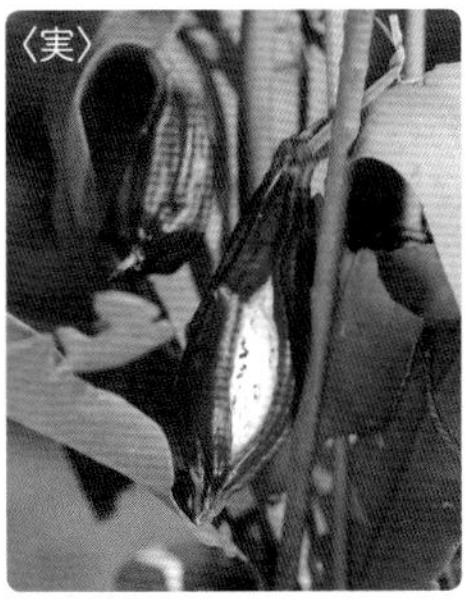

果肉は白く、シャリシャリした食感で、甘酸っぱい。

月下美人（げっかびじん）
E.oxypetalum

花径20～22㎝。9～10月が開花のピーク。芳香のある純白の花は、夜8時ごろから咲き始め、翌朝にはしぼんでしまう一夜花。

シンデレラ *E.cv.*

直径20㎝もある淡いピンクの花を開く。やや丸みを帯びる花びらは平開する。

金華山（きんかざん） *E.cv.*

黄色の大輪花を咲かせる。

白眉孔雀（はくびくじゃく）
E.darrahii

メキシコ南部原産で高さ80㎝ほど。葉にのこぎりのような切れ込みがあり、花径は約10㎝。昼咲きで強い芳香を放つ。

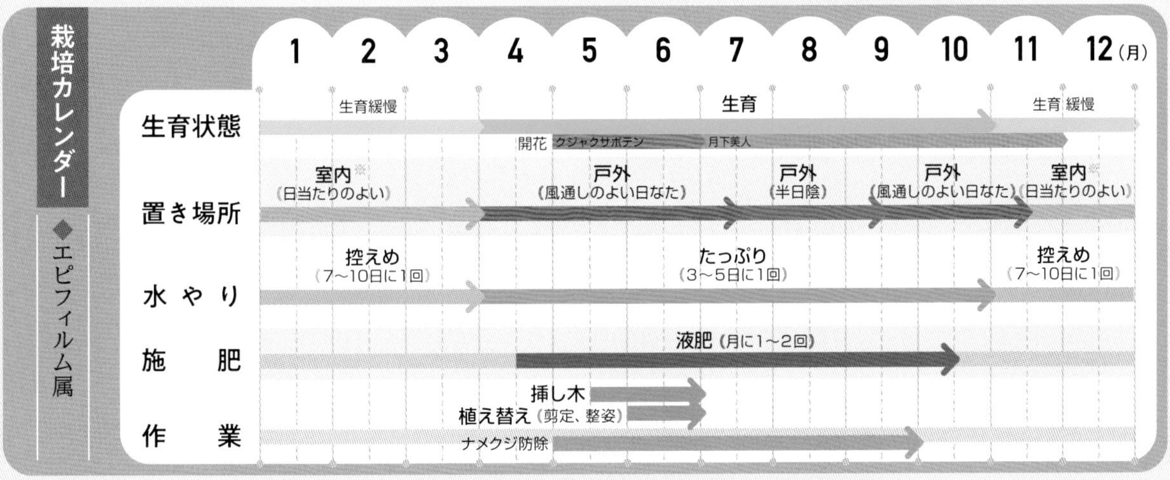

※0～5℃を保つ

シュルンベルゲラ属

Schlumbergera

〔サボテン科〕

ブラジル南東部に6種が分布する着生サボテンで、森林の樹上に自生している。扁平な葉状の茎節がよく分枝し、茎節の突起が尖っているのが特徴だが、茎節の突起がまるくなっているカニバサボテンもある。近年は花つきがよく、豪華な「デンマークカクタス」が主流になっている。

（シャコバサボテンの花）
白花の「トーアプリッタ」

生育型	根のタイプ	難易度	原産地
冬型	細根	＊＊＊	ブラジル

シャコバサボテン

S.buckleyi cv.

デンマークで改良されたものが多いので「デンマークカクタス」とも。英名は「クリスマスカクタス」。写真は「ピンクコンペイトウ」。

カニバサボテン　*S.russeliana*

花は1〜3月に咲く遅咲き、茎の節が丸みを帯びる。花は紫紅色で下垂して咲きよく開くが、シャコバサボテンのように反転はしない。

（シャコバサボテン）オレンジ花の「サニーブライト」

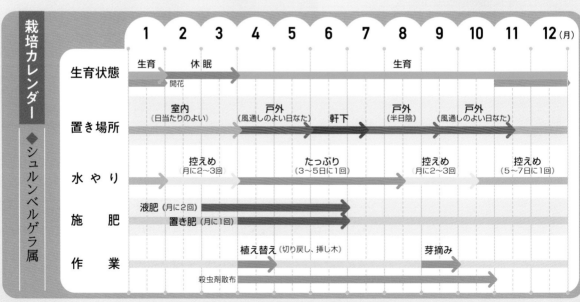

栽培カレンダー　◆シュルンベルゲラ属

		1	2	3	4	5	6	7	8	9	10	11	12 (月)
生育状態		生育	休眠						生育				
		開花											
置き場所		室内（日当たりのよい）			戸外（風通しのよい日なた）		軒下		戸外（半日陰）		戸外（風通しのよい日なた）		
水やり		控えめ（月に2〜3回）				たっぷり（3〜5日に1回）			控えめ（月に2〜3回）			控えめ（5〜7日に1回）	
施肥		液肥（月に2回）											
		置き肥（月に1回）											
作業					植え替え（切り戻し、挿し木）				芽摘み				
			殺虫剤散布										

Rhipsalis
リプサリス属

〔サボテン科〕

フロリダからアルゼンチンまで、中央・南アメリカの熱帯域に約60種が知られ、熱帯雨林の樹上や岩上に小枝のような茎が柔軟に絡み合った状態で生育している。茎は円柱状、角稜状、平らな葉状と変化に富み、気根を出して広がる。花は10㎜前後で小さく、５枚の花弁を平らに開く。花色は白、クリーム色、淡い桃色など。

生育型	根のタイプ	難易度	原産地
夏型	太根、細根	＊＊＊＊	中央・南アメリカ

黄梅（おうばい） R.rhombea

ブラジル東部原産。扁平で革質の長いひし形～長楕円形の葉は、丸い鋸歯縁【きょしえん】。灌木状で直立性だが、自分の重みで垂れる。直径9㎜ほどの乳白色の花が葉縁につく。

青柳（あおやぎ） R.cereuscula

直立性だが、古株になると下垂する。主茎は10～30㎝になるが、分枝は2㎝以下と短い。刺座に白い剛毛がある。花は黄白色。

カスッサ R.cassutha

見かけどおりの柔らかな手触りで、細い円柱状の茎がよく分枝して下垂するので、ハンギングバスケットなどで楽しめる。

トリゴナ R.trigona

３稜形の細長い茎が下垂し、吊り鉢などで楽しめる。暑さ寒さに強く育てやすいが、真夏の直射日光は葉焼けの原因になるので注意。乳白色の花を咲かせる。

糸葦（いとあし） R.cassutha

明治年間に渡来。淡緑色の円柱状の茎節が分枝して、下垂する。乳白色の小さな花が側生する。花後にできる液果は白色。

栽培カレンダー ◆リプサリス属

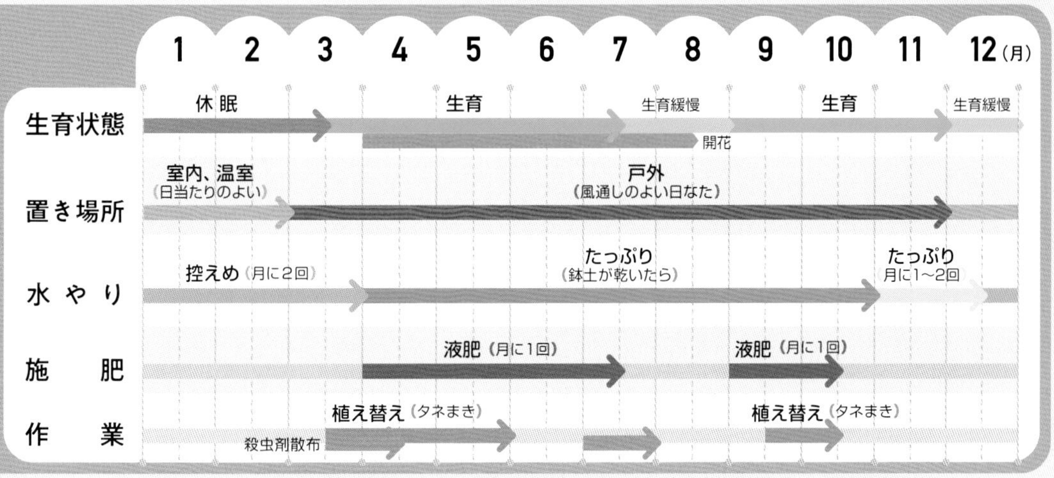

（オベスムの花）花は先端が５裂し、基部は筒状になる。

Adenium
アデニウム属

〔キョウチクトウ科〕

アラビア、ケニア、南西アフリカなどに15種程度が自生している大型のコーデックスの仲間。基部がとっくり状にふくらんだ独特の姿が魅力で、よく分枝する枝の先端に、赤やピンクなどの美しい花をつける。

熱帯性で寒さに弱いので、冬は日当たりのよい室内に置き、水を切って10℃以上を保つ。挿し木でふやせるが、挿し木では株元が肥大しないのでタネをまく。

生育型	根のタイプ	難易度	原産地
夏型	太根	＊＊＊＊	アラビア半島、アフリカ

オベスム
A.obesum

「砂漠のバラ」の愛称で人気。トックリ状や球状に肥大した茎を地上に出し、茎の上部に光沢のある濃緑色の葉を固まってつける。

グッドナイト A.'Good Night'

タイで品種改良されたもの。八重咲きで、黒みを帯びた赤い花を咲かせる（写真は売られている状態）。

アラビクム A.arabicum

タイで改良された品種で、幹が横に広がるタイプ。幹の先は盆栽風に枝分かれし、花と樹形が魅力。

〈冬の姿〉温度が低いと葉を落とす。

栽培カレンダー ◆アデニウム属

1 2 3 4 5 6 7 8 9 10 11 12（月）

生育状態
- 休眠（1月〜4月）
- 生育（4月〜11月）
- 開花（4月〜8月）
- 生育緩慢（11月〜12月）

置き場所
- 室内（日当たりのよい窓辺）（1月〜5月）
- 戸外（風通しのよい日なた）（5月〜11月）

水やり
- （徐々に減らし、葉がすべて落ちたら）断水（1月〜3月）
- 控えめ（※）（3月〜4月）
- たっぷり（鉢土がよく乾いたら）（4月〜11月）
- 控えめ（11月〜12月）

施肥
- 液肥 ※月に1回（4月〜11月）

作業
- 植え替え（剪定、タネまき）（4月〜6月）
- 植え替え（剪定）（6月〜10月）
- 殺虫剤散布（3月〜4月、7月〜8月、11月〜12月）

※葉が出始めたら少しずつ水やり開始

（ダルマタッキー×恵比寿笑い）
オレンジ色の花をつける。

Pachypodium
パキポディウム属

〔キョウチクトウ科〕

名は「太い足」の意味。多肉性の肥大した茎が特徴で、コーデックスの代表的存在。独特のフォルムと、春から夏に美しい花を咲かせることから人気がある。

多肉質の茎は刺に覆われ、茎が伸びて柱状の大形になるもの、丸くなって太るものなどさまざまなものがある。春に葉を出して花を開き、冬に落葉するというサイクルで、１年を通して変化が楽しめるのも魅力。高温を好むので、冬は最低温度15℃が望ましい。それより下回るときは断水する。

生育型	根のタイプ	難易度	原産地
夏型	太根	＊＊＊＊	マダガスカル、アフリカ

ビスピノースム
P.bispinosum

褐色の太い塊茎【かいけい】上に、小さな葉をつけた枝を数本出す。枝は分枝してブッシュ状になり、冬は落葉して休眠する。枝に１対の刺をつけ、ピンクの鐘形の花は花びらが平開し、次々と咲く。

デンシフロルム
P.densiflorum

「シバの女王の玉串」とも。灰緑色の太く短い茎に、細い葉をつけた枝を伸ばして高さ30㎝になる。刺が目立つが、刺は生長とともに落ちる。

ブレビカリックス
P.densiflorum var. brevicalyx

ずんぐりした樹形が特徴。扁平な塊根から、細長い葉をつけた短い枝を多数出す。日光不足だと枝が徒長して樹形が乱れる。葉の中から花茎を伸ばして黄色い花を咲かせる。

恵比寿大黒（えびすだいこく）
P.densicaule

「シバの女王の玉串【たまぐし】」と「恵比寿笑い」の交配種。丈夫で比較的育てやすい。「恵比寿笑い」の性質をひきついだ姿の株が人気。

（恵比寿大黒）
基部が肥大した若い株。

恵比須笑い（えびすわらい） P.brevicaule

淡い茶色から銀灰色まである横に広がった平らな塊茎【かいけい】に、短い枝葉をつける。花は鮮やかなレモンイエローで、早春から春に咲く。

グラキリス
P.rosulatum var. gracilius

ロスラツムの変種。胴体がでっぷりと太り、小株のとき多数生えていた刺は大きくなると先端にだけ残り、滑らかな木肌になる。

天馬空（てんまくう）

P.succulentum

「友玉【ともだま】」とも。肥大した紡錘形の塊茎【かいけい】から分枝する枝を出して茂る。初夏に帯桃白色や淡紅色の細い花筒をもつ小輪花を開く。

ホロンベンセ

P.horombense

銀白色の美しい肌に白い刺をつけ、淡黄色の釣り鐘状の花を咲かせるのが特徴で、成木は高さ1m程度になる。

ラメーレイ

P.lamerei

銀白色の太い棍棒状の茎に、短い刺と光沢のある緑色の細長い葉をつける。生育期は雨に当てても育つほど比較的丈夫。初夏に白い花が咲く。

光堂（ひかりどう）

P.namaquanum

円柱状の幹に長さ5cmにもなる針状刺を多数つけ、幹の先に長さ10cm内外の葉をつける。葉は縁が波打ち、両面が微毛で覆われる。

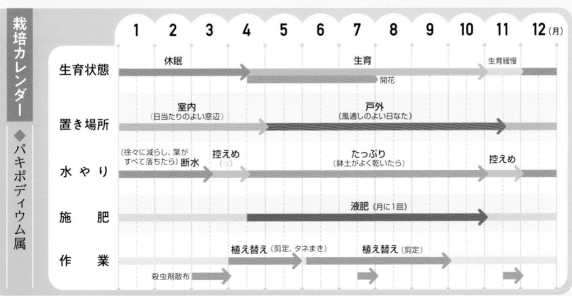

栽培カレンダー ◆パキポディウム属

	1	2	3	4	5	6	7	8	9	10	11	12（月）
生育状態	休眠			生育／開花							生育緩慢	
置き場所	室内（日当たりのよい窓辺）				戸外（風通しのよい日なた）							
水やり	（徐々に減らし、葉がすべて落ちたら）断水		控えめ（※）	たっぷり（鉢土がよく乾いたら）							控えめ	
施肥				液肥（月に1回）								
作業			殺虫剤散布	植え替え（剪定、タネまき）		植え替え（剪定）	殺虫剤散布				殺虫剤散布	

※葉が出始めたら少しずつ水やり開始

〈花〉

花序は長さ2㎝内外、ピンクの花を開く。

Euphorbia

ユーフォルビア属

〔トウダイグサ科〕

ユーフォルビア属の植物の中でコーデックスとして栽培されるのは主に塊根性種。なお、ユーフォルビアの近縁種として扱われていたモナデニウム属約25種は、現在ユーフォルビア属に含まれているが、モナデニウム属として出回ることも多い。

モナデニウムも塊根性をもつものがコーデックスとして栽培され、円筒状の茎はイボや稜をもち、直立したり匍匐したりする。主に中央アフリカ付近が原産地のため、寒さに弱いので冬は暖かい室内で管理する。

生育型	根のタイプ	難易度	原産地
夏型	細根	****	主にアフリカ、マダガスカル島

モンタヌム・ルベルム

E. (Monadenium) montanum var. rubellum

モンタヌムの変種。丈夫な小型種で枝挿しで容易にふえる。塊根から細い茎を1～3本出し、線状披針形の葉をつける。

栽培カレンダー ◆ユーフォルビア属

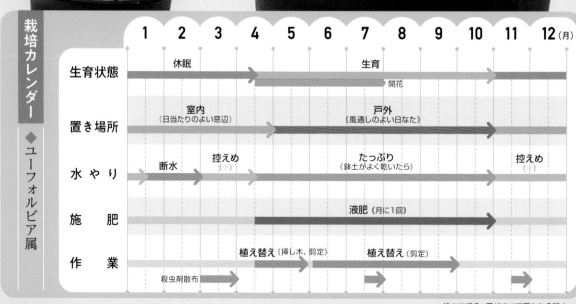

	1	2	3	4	5	6	7	8	9	10	11	12（月）
生育状態	休眠	休眠	休眠	生育／開花	生育／開花	生育／開花	生育	生育	生育	生育	休眠	休眠
置き場所	室内（日当たりのよい窓辺）	室内	室内	室内	戸外（風通しのよい日なた）	戸外	戸外	戸外	戸外	戸外	室内	室内
水やり	断水	断水	控えめ（※）	たっぷり（鉢土がよく乾いたら）	たっぷり	たっぷり	たっぷり	たっぷり	たっぷり	たっぷり	控えめ（※）	控えめ（※）
施肥				液肥（月に1回）	液肥	液肥	液肥	液肥	液肥	液肥		
作業			殺虫剤散布	植え替え（挿し木、剪定）	植え替え（挿し木、剪定）	植え替え（剪定）	植え替え（剪定）／殺虫剤散布	植え替え（剪定）	植え替え（剪定）		殺虫剤散布	

※徐々に控え、葉がすべて落ちたら断水

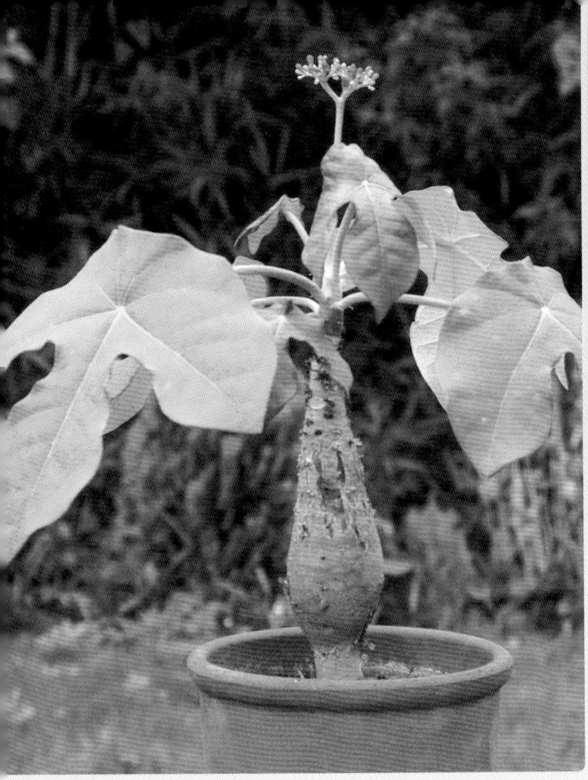

Jatropha

ヤトロファ属

〔トウダイグサ科〕

ふつう掌状に切れ込んだ大きな葉をつけ、傷をつけると乳液を出す。多くの種がアルカイドを含むが、薬用や塊根（かいこん）から澱粉を取って食用に供されるものもある。多肉植物として扱われるヤトロファ属は茎が肥大して塊状になるコーデックスの種で、挿し木では幹が太らないため実生でふやす。温暖期に生育し、夏は戸外で栽培可能だが、寒さに弱いので冬は室内に置き、8℃以上を保つ。

生育型	根のタイプ	難易度	原産地
夏型	太根	＊＊＊＊	中央アフリカ など

サンゴアブラギリ *J.podagrica*

幹の基部が徳利【とっくり】状にふくらみ、大きく育つと高さ1mほどになる。花と長い葉柄が鮮やかな赤い色で珊瑚【さんご】を思わせる。夏から晩秋にかけて朱赤色の花を咲かせる。自家受精するので、実生でふやせる。

栽培カレンダー ◆ヤトロファ属

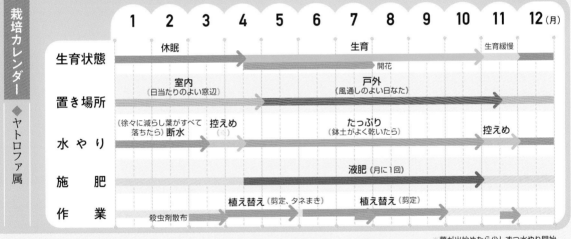

	1	2	3	4	5	6	7	8	9	10	11	12（月）
生育状態	休眠（1〜3月）			生育（4〜10月）／開花（4〜7月）							生育緩慢（11〜12月）	
置き場所	室内（日当たりのよい窓辺）（1〜4月）				戸外（風通しのよい日なた）（5〜11月）							
水やり	（徐々に減らし葉がすべて落ちたら）断水（1〜2月）		控えめ（※）（3月）	たっぷり（鉢土がよく乾いたら）（4〜10月）							控えめ（11〜12月）	
施肥				液肥（月に1回）（4〜10月）								
作業		殺虫剤散布（2〜3月）		植え替え（剪定、タネまき）（4〜5月）		植え替え（剪定）（6〜9月）					（11月）	

※葉が出始めたら少しずつ水やり開始

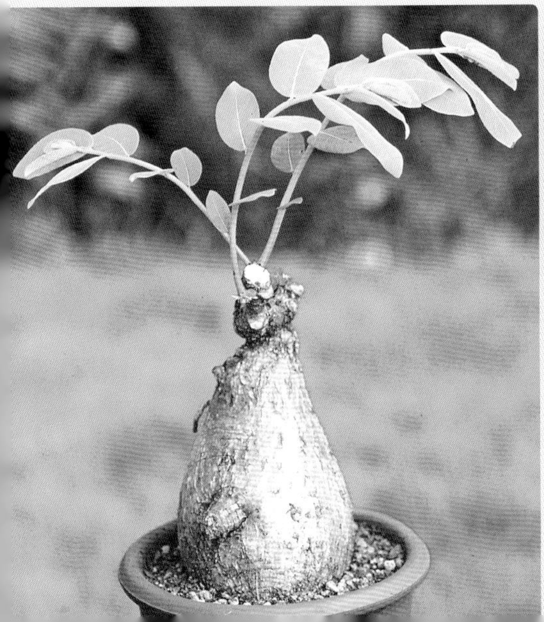

Phyllanthus

フィランツス属

〔トウダイグサ科〕

600種からなり、特に新大陸の暖温帯に多く分布している。属名はギリシャ語のphyllon（葉の意）＋anthos（花の意）より、花が葉状の枝の端につくことに因む。

生育型	根のタイプ	難易度	原産地
夏型	太根	＊＊＊＊	熱帯アジア など

ミラビリス *P.mirabilis*

塊根は基部がふくれ、横に放射状に広げる葉は昼間開いて夜は閉じる性質がある。冬は葉を落として休眠する。

Yucca

ユッカ属

〔キジカクシ科〕

北アメリカから中央・南アメリカにかけて約60種の仲間が分布している。高さが数mになるものから1mくらいのものまであり、庭園樹に利用され、芳香のある花を夜に開く。 花は鐘形で、スズランの花を思わせるような大きな白い花で、円錐花序に多数つく。肉厚で青みを帯びた剣状か線状の葉が幹の上部に群がってつく。

生育型	根のタイプ	難易度	原産地
夏型	太根	****	北～中央アメリカ

ロストラータ *Y.rostrata*

テキサス州南部～メキシコ原産。灰青色の葉を放射状に広げる姿と、葉が枯れた後の幹も魅力的。耐寒性が強いので庭植えも可能。

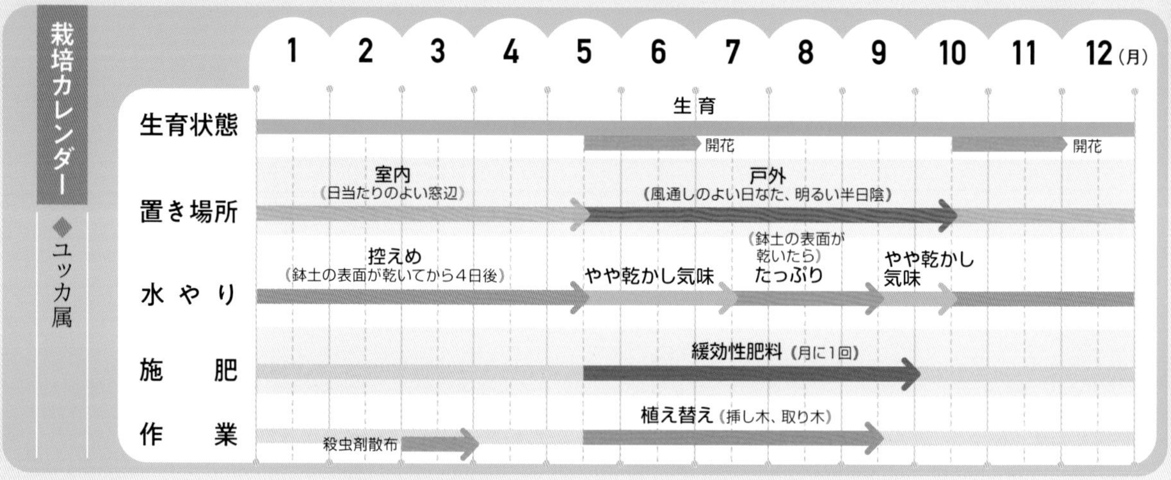

Bowiea

ボウィエア属

〔キジカクシ科〕

地際の茎がタマネギのような形になる南アフリカ原産の球根植物で、2種が知られる。明治の末に「玉蔓草【たまつるくさ】」と名付けられたが、現在は「蒼角殿【そうかくでん】」と呼ばれている。生長期には扁球形の球根（鱗茎【りんけい】）の頂部からつるを伸ばし、淡緑白色の目立たない小さな花を咲かせる。種類によって春秋型と冬型があるので注意する。球根は土中に埋めず、3分の2を外に出して植え、生長期に十分水をやり、肥培すると球根が大きくなる。

生育型	根のタイプ	難易度	原産地
春秋、冬型	太根	****	南アフリカ

蒼角殿（そうかくでん） *B. volubilis*

春秋型。緑色の鱗茎は直径6～7㎝になり、細く長い茎を伸ばす。高温にあうと茎が黄変して休眠するので、断水して越夏させる。

花は緑色で目立たない。

〈花〉

〈花〉

太陽を絵にかいたような花形で、自家受粉し花が終わるころには中心部にタネを多数つける。

Dorstenia

ドルステニア属

〔クワ科〕

主として熱帯アフリカ、アラビア半島、ジンバブエに分布する小型の植物。葉は多肉性ではないが、根茎や地上茎が肥厚するものが多肉植物として栽培される。葉は互生、または根出し、葉の腋から柄を出し、花びらがない微小な目立たない花が、平らに広がった星形や丸形などの花床に多数つく。

生育型	根のタイプ	難易度	原産地
夏型	細根	＊＊＊＊＊	南アフリカ

フォエチダ *D.foetida*

高さ5～10㎝になる塊茎【かいけい】ができるが、枝挿しされたものは塊茎が見られない。葉は長楕円状披針形。円形の花床に花が埋もれてつく。

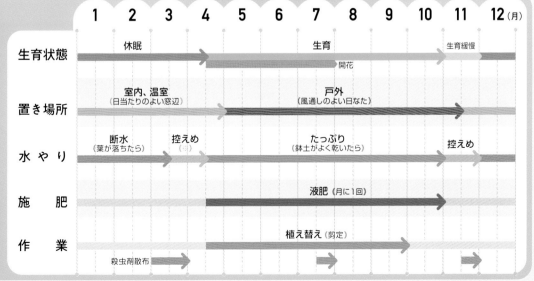

栽培カレンダー ◆ドルステニア属

	1〜12（月）
生育状態	休眠（1〜4月）→ 生育（4〜11月）→ 生育緩慢（11〜12月）／開花（4〜8月）
置き場所	室内、温室（日当たりのよい窓辺）（1〜4月、11〜12月）／戸外（風通しのよい日なた）（4〜11月）
水やり	断水（葉が落ちたら）（1〜3月）→ 控えめ（※）（3〜4月）→ たっぷり（鉢土がよく乾いたら）（4〜11月）→ 控えめ（11〜12月）
施肥	液肥（月に1回）（4〜11月）
作業	植え替え（剪定）（4〜10月）／殺虫剤散布（3〜4月、7〜8月、11〜12月）

※葉が出たら水やり開始

（ヘレイ「竜骨城」）
春に白い花を咲かせる。

Mousonia

モンソニア（サルコカウロン）属

〔フウロソウ科〕

約30種がアフリカからインドまで分布している。旧属名のサルコカウロンも、現在はモンソニア属に含まれている。

肉質の幹は硬い皮に覆われて低木状に育つが、生育はとても遅い。冷涼期に生育し、春から夏にかけて落葉して休眠する。蒸し暑さを嫌うので、夏はできるだけ涼しくする。乾燥を保ち、夜間の気温を下げるように管理する。

生育型	根のタイプ	難易度	原産地
冬型	細根	****	南アフリカ

パターソニー *M.pattersonii*

灰褐色の肌は光沢があり滑らか。美しいピンクの花が咲く小型の低木で、刺は弱く、鮮緑色の小さな葉をつける。

〈冬の幹〉冷涼期には倒卵形の葉を繁らせる。

クラシカウリス *M.crassicaulis*

夏は休眠し、秋から生育を始める冬型のコーデックスで比較的丈夫。ペーパーフラワーと表される薄い花弁の白花を咲かせ、ワックス質の硬く厚い表皮で覆われた黄金色の幹になる。

ヘレイ
M.herrei

「竜骨城【りゅうこつじょう】」とも。枝が分枝しながら水平に伸び、細かく裂けた葉をつける。葉柄は脱落せず、枝に残って刺状になる。花は白色。

ムルチフィドウム
M.multifidum

「月界【げっかい】」とも。無毛で刺をつけない茎は、指状の枝を水平に出す。淡緑色の細かく裂けた葉が茎の上面につく。

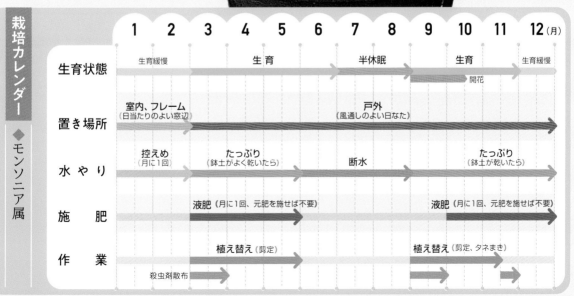

栽培カレンダー ◆モンソニア属

	1	2	3	4	5	6	7	8	9	10	11	12(月)
生育状態	生育緩慢		生育				半休眠		生育 開花			生育緩慢
置き場所	室内、フレーム（日当たりのよい窓辺）		戸外（風通しのよい日なた）									
水やり	控えめ（月に1回）		たっぷり（鉢土がよく乾いたら）			断水			たっぷり（鉢土が乾いたら）			
施肥			液肥（月に1回、元肥を施せば不要）							液肥（月に1回、元肥を施せば不要）		
作業			植え替え（剪定）						植え替え（剪定、タネまき）			
	殺虫剤散布		殺虫剤散布						殺虫剤散布			殺虫剤散布

Pelargonium
ペラルゴニウム属

〔フウロソウ科〕

一般に草花として親しまれているが、多肉植物としては約30種が知られている。幹や茎が肥大したり、刺をつけるものもある。冷涼な時期に葉をつけ、夏は葉を落として休眠する。1年を通して日に当て、生育期は鉢土が乾いたらたっぷり水をやる。冬は霜や寒風に当てないよう室内に置き、最低温度5℃を保つ。

生育型	根のタイプ	難易度	原産地
冬型	細根	＊＊＊＊	南アフリカ

テトラゴヌム *P.tetragonum*

基部から分枝し、いくつにも切れ込んだツタのような小さな葉をつける。上側の大きな花弁に紫褐色の条斑が入る花を開く。

カルノーサム *P.carnosum*

「枯野葵【かれのあおい】」とも。幹の表面は滑らかで、枝先に長い葉柄をつけた青磁色の葉を広げる。挿し木では幹が太らないので実生で育てる。

インクラッサツム
P.incrassatum

南西アフリカ原産。茶色の皮をかぶった直径2㎝の塊根をもち、夏の乾燥期に葉が枯れる。長い花柄の先に濃紅色の花が集まって咲く。花は上側の2枚が大きく、下側の3枚が小さい。

栽培カレンダー ◆ペラルゴニウム属

	1	2	3	4	5	6	7	8	9	10	11	12 (月)
生育状態	生育緩慢		生 育				半休眠		生育		生育緩慢	
									開花			
置き場所	室内、フレーム（日当たりのよい窓辺）					戸外（風通しのよい日なた）						
水やり	控えめ（月に1回）		たっぷり（鉢土がよく乾いたら）				断水			たっぷり（鉢土が乾いたら）		
施肥			液肥（月に1回、元肥を施せば不要）							液肥（月に1回、元肥を施せば不要）		
作業			植え替え（剪定）							植え替え（剪定、タネまき）		
		殺虫剤散布										

Ipomoea

イポメア属

〔ヒルガオ科〕

多くはつる性、匍匐(ほふく)性の草本。葉は薄く、温度の高い生長期に茂り、夏は戸外で栽培可能。アサガオに似たラッパ状の花を咲かせるが、日照不足では花芽が落ちてしまうので、新芽が出たとき十分な日光に当てることが大事。冬は室内の明るい場所に置き、水やりを控えて5℃以上を保つが、できたら15℃以上が必要。

生育型	根のタイプ	難易度	原産地
夏型	細根	＊＊＊＊	南アフリカ、ナミビア

ホルビー

I.holubii

南アフリカ原産。球形の塊根は淡橙色で径15cm。10cmほど伸びる茎の基部に、ピンクのアサガオに似た花を初夏に開く。

ボルシアーナ *I.bolusiana*

丸い塊根【かいこん】のフォルムが人気のコーデックスプランツ。春になると塊根からつるを伸ばし、アサガオに似たピンクの花を多数つける。

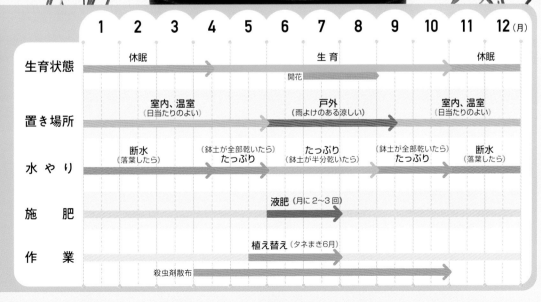

栽培カレンダー ◆イポメア属

	1	2	3	4	5	6	7	8	9	10	11	12(月)
生育状態	休眠			生育							休眠	
						開花						
置き場所	室内、温室(日当たりのよい)					戸外(雨よけのある涼しい)				室内、温室(日当たりのよい)		
水やり	断水(落葉したら)			(鉢土が全部乾いたら)たっぷり		たっぷり(鉢土が半分乾いたら)			(鉢土が全部乾いたら)たっぷり		断水(落葉したら)	
施肥						液肥(月に2~3回)						
作業					植え替え(タネまき6月)							
				殺虫剤散布								

Adenia
アデニア属
〔トケイソウ科〕

つる性の植物で、幹が著しく肥厚して多肉質の壷形や不整形の球状の塊根になるコーデックスの仲間で、葉腋に主に黄色の花をつける。枝につく葉は多肉質ではない。塊茎の地下茎をもつため大きめの鉢に植え、よく日の当たる場所で管理するが、直射日光に当たると日焼けするので、真夏は遮光する。生育中は鉢土が乾いたら適度の水分を与え、冬期の休眠中は乾燥気味に管理する。冬は5℃以上を保つ。

生育型	根のタイプ	難易度	原産地
春秋型	細根	＊＊＊＊	南アフリカ、マダガスカル

（グラウカの塊根）
鮮緑色をしたトックリ状。

（グラウカの花）
葉腋にクリーム色の花が数花集まって咲く。

ヘテロフィラ
A.heterophylla

大きな塊根【かいこん】が特徴。春に新芽を出し、つる状にどんどん伸びる夏型の植物。

グラウカ
A.glauca

徳利【とっくり】形の塊根が緑色になるのが特徴。つる性の枝に5深裂した葉が下向きにつく様子から「幻蝶【げんちょう】カズラ」とも言う

（グラウカの株）一般に流通している姿。

Sinningia

シンニンギア属

〔イワタバコ科〕

一般に観葉植物として扱われているが、大きな塊茎をもつレウコトリカ種（断崖の女王）が多肉植物として人気。全体が白い毛で覆われているので銀灰色に見える。倒卵形の大きな葉をつけ、葉腋や茎頂部から花柄を伸ばし、筒形で橙赤色の花をつける。花筒にも白い毛がつく。冬の休眠期は地上部が枯れ、春に残った塊茎から新芽を出す。極度の乾燥や強光を好まないので、生育期は風通しのよい半日陰で、用土が乾ききらないうちに水をやる。

生育型	根のタイプ	難易度	原産地
夏型	細根＋太根	＊＊＊＊	中南米

断崖の女王

S.leucotricha

塊茎は大きくなる。茎や倒卵形の葉が白い毛に覆われ、全体が銀灰色に見え、「ブラジリアンエーデルワイス」の英名がある。葉腋や茎頂部から花茎を出し、橙赤色の花が咲く。花に白い毛がつく。

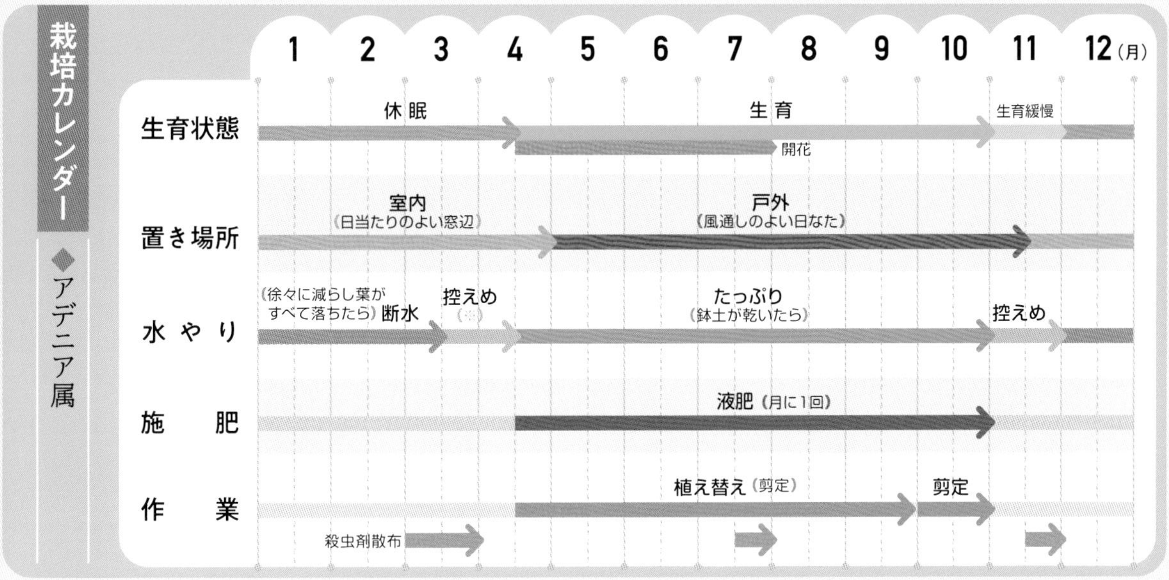

※葉が出始めたら少しずつ水やり開始

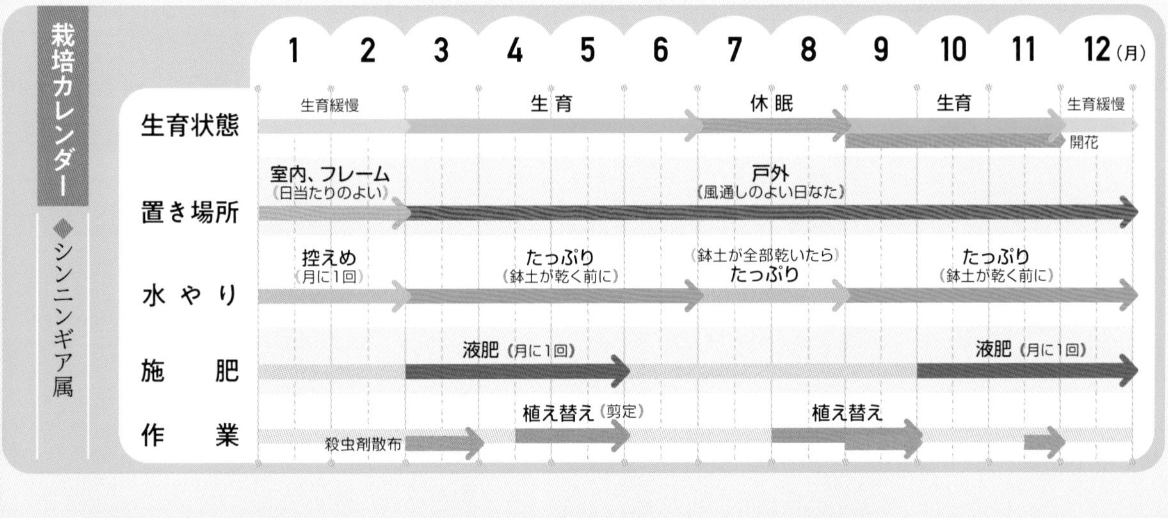

（亀甲竜の塊根）

Dioscorea

ディオスコレア属 〔ヤマノイモ科〕

多肉植物は4種が知られている。地下部の塊根（かいこん）を露出させて植えて観賞する。コルク状の地上部に出たイモからつるが伸び、絡まるので、支柱を立てるとよい。

夏型と冬型があり、メキシコ原産のものは夏型で、秋に落葉して休眠をするので、晩春までは水やりを控え、冬は5℃以上を保つ。アフリカ原産種は冬型で、秋から春にかけて葉を出して生育し、晩春から夏に落葉して休眠するので、水やりを控える。冬は5℃以上を保って水やりする。

生育型	根のタイプ	難易度	原産地
夏、冬型	細根＋太根	＊＊＊＊	南アフリカ、メキシコ

亀甲竜（きっこうりゅう） *D.elephantipes*

亀の甲羅【こうら】のような亀甲状の突起がある半球形の塊根がある。つる性の枝を伸ばしハート形の艶のある葉をつける。夏は落葉休眠。塊根はコルク質で亀甲状に割れる。

メキシコ亀甲竜

D.macrostachya

メキシコ原産。塊根は「亀甲竜」より扁平で大きい。葉は長三角形。生長期は夏で秋に落葉して休眠する。写真はセダムと一緒に植えられたもの。

栽培カレンダー ◆ディオスコレア属

	1	2	3	4	5	6	7	8	9	10	11	12(月)
生育状態	生育緩慢		生育				休眠		生育			生育緩慢 / 開花
置き場所	室内、フレーム（日当たりのよい）		戸外（風通しのよい日なた）									
水やり	控えめ（月に1回）		たっぷり（鉢土が乾く前に）				（鉢土が全部乾いたら）たっぷり		たっぷり（鉢土が乾く前に）			
施肥			液肥（月に1回）							液肥（月に1回）		
作業	殺虫剤散布			植え替え（剪定）				植え替え				

〈花〉

（クイナリアの花）花は夕方の２～３時間しか咲かない。

Avonia
アボニア属
〔スベリヒユ科〕

アナカンプセロス属のなかで、降雨量の少ない地域に自生するグループが近年「アボニア属」として独立した。枝は白くて薄い鱗片（りんぺん）状の表皮をつけるので、乳白色の鱗（うろこ）に覆われているように見える。

冬型の多肉植物なので、冬は水を切らないが土が凍らないように管理し、梅雨入りから真夏は遮光して風通しのよい場所に置いて休眠させる。花の美しいクイナリア種は、休眠する夏の時期も、月に１度土が湿る程度に適度に水をやると花つきがよくなるといわれている。

生育型	根のタイプ	難易度	原産地
冬型	細根、太根、塊根	＊＊＊＊	南アフリカ、ナミビア

赤花種（あかばなしゅ）クイナリア
A.quinaria ssp. quinaria

蕪【かぶ】状で上部が平らな塊根【かいこん】から、銀色の鱗に覆われた葉を伸ばし、株の中から伸びた花茎の先端に濃いピンクの梅花状の花をつける。

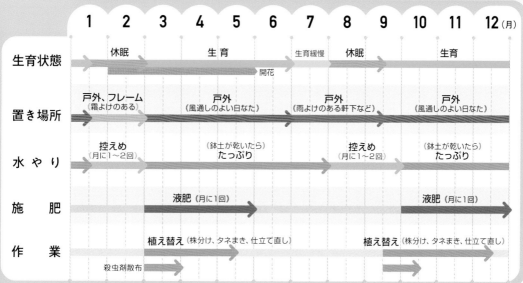

栽培カレンダー ◆アボニア属

	1〜3月	3〜6月	7月	7〜9月	10〜12月
生育状態	休眠	生育（開花）	生育緩慢	休眠	生育
置き場所	戸外、フレーム（霜よけのある）	戸外（風通しのよい日なた）	戸外（雨よけのある軒下など）		戸外（風通しのよい日なた）
水やり	控えめ（月に1〜2回）	（鉢土が乾いたら）たっぷり		控えめ（月に1〜2回）	（鉢土が乾いたら）たっぷり
施肥		液肥（月に1回）			液肥（月に1回）
作業	殺虫剤散布	植え替え（株分け、タネまき、仕立て直し）			植え替え（株分け、タネまき、仕立て直し）

Haemanthus

ハエマンサス属

〔ヒガンバナ科〕

鱗茎（りんけい）をもつ球根植物で、熱帯アフリカ～南アフリカにかけて約60種分布している。太い花茎の先に赤や白、ピンクの花を咲かせる。葉身が薄く中央脈が目立つ葉と、厚くて中央脈がない葉がある。夏に休眠する冬生育型と、冬に休眠して夏に生長する夏生育型があるので、水やりや植え替えの時期を間違えないように注意する。

生育型	根のタイプ	難易度	原産地
冬、夏型	太根	****	熱帯アフリカ、南アフリカ

マユハケオモト *H.albiflos*

最も普及している夏型種。球根の径は7～8cm。緑色の葉は厚く、無毛で常緑。短い花茎に白い小さな花を散形花序につける。

ムルチフロルス

H.multiflorus

夏型種で、初夏の頃、葉が伸びないうちに糸状の緋色の花を球状に咲かせる。花の姿から「線香花火」の名がある。

コッキネウス

H.coccineus

冬型種。9月ごろ花茎を伸ばし、ろう細工のような苞に包まれて赤色の小花を密につける。花後に2枚の幅広い大きな葉が出る。

栽培カレンダー

◆ハエマンサス属（夏型と冬型）

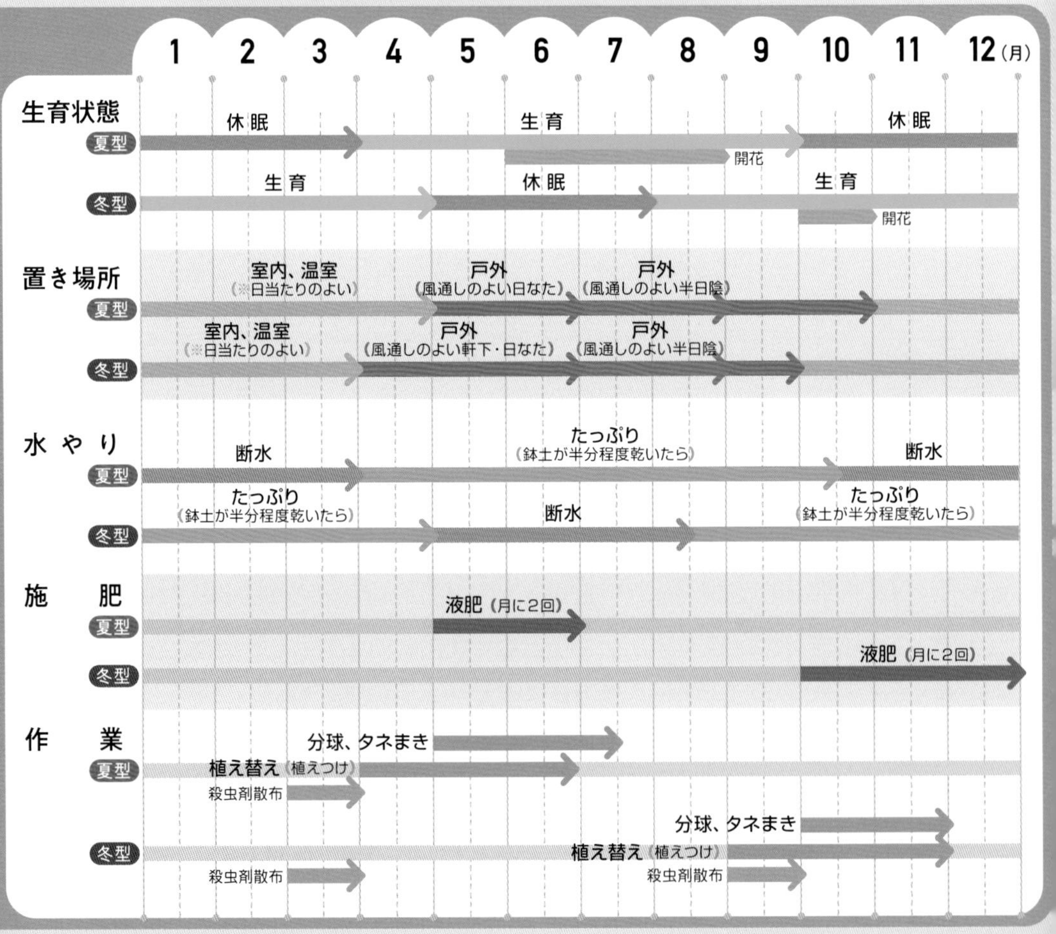

※5℃以上を保つ

〈花〉

Albuca
アルブカ属

〔キジカクシ科〕

アラビアおよびアフリカに約130種が分布。冬に生育して夏に落葉休眠する。くるくるとカールする葉を楽しむには、風通しの良い場所で強い日差しに当てることがポイントで、部屋に置くと葉が巻かない。夏は水やりを控え、秋に葉が伸びてきたら水やりを開始する。冬は0℃以下にならない日当たりのよい戸外で管理する。

生育型	根のタイプ	難易度	原産地
冬、春秋型	細根	＊＊＊＊	アラビア半島、南アフリカ

（カナデンシスの花）
黄色いは花被片に緑色の縞が入り、ぶら下がって咲く。

カナデンシス
A.canadensis

南アフリカ原産。葉は根出し、縁が内側に巻いて半円筒状になる。先端がゆるく曲がる長い花茎の先に下向きに花をつける。

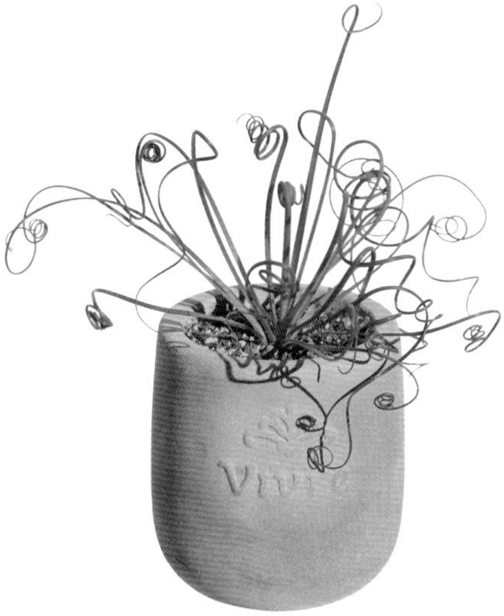

スピラリス
A.spiralis

くるくると巻いた葉がユニークな人気種。強光下で育てないと葉が巻かないので注意。長い花茎に下向きに開く花をつける。

〈花〉

フミリス
A.humilis

草丈10～15㎝、幅5～15㎝の半常緑種で、球根が地上に出ていても支障なく育つ。春に、芳香のある花を上向きに咲かせる。

〈花〉

栽培カレンダー ◆アルブカ属

項目	1～2月	3～5月	6～9月	10～12月
生育状態	生育緩慢 / 開花	生育	休眠	生育
置き場所	戸外（日当たりのよい※1）	戸外（風通しのよい日なた）	戸外（風通しのよい半日陰）	戸外（風通しのよい日なた）
水やり	控えめ（※2）	たっぷり（鉢土が乾いたら）	霧吹き（月1回鉢土が湿る程度）	たっぷり（鉢土が乾いたら）
施肥		液肥（月に1回）		液肥（月に1回）
作業	殺虫剤散布		植え替え（株分け、葉挿し、タネまき、仕立て直し）	

※1 霜よけをする、0℃以下にしない　※2 用土が乾いてから数日後

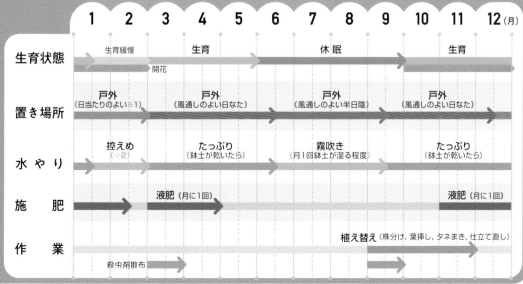

Ledebouria

レデボウリア属

〔キジカクシ科〕

スキラ属に近い小型の球根植物で、現在はドリミオプシス属やレスノバ属もこの仲間に属している。山野草として流通するものもある。葉に模様をつけるものが多く、小さな緑白色の花を多数穂状につける。1年を通して日当たりと風通しのよい場所で育てるが、冬は室内に入れ、落葉するので水を切る。

生育型	根のタイプ	難易度	原産地
夏型	細根	＊＊＊＊	南アフリカ、インド

クーペリ *L.cooperi*

「シマツルボ」とも。草丈10～15㎝。狭楕円形の葉に縦縞が入り、濃いピンクの小さな鐘形花を開く。冬は落葉する。

ソシアリス

L.socialis

「豹紋【ひょうもん】」とも。露出した球根に小球がついて盛り上がる。披針形の葉は表面が灰緑色の地に緑色の斑紋が入り、裏面は紫紅色。白い縁取りのある緑色の花を下向きに開く。

〈花〉

短い花序をつくって下から咲く。

マクラタ 斑入り

L.(Drimiopsis)maculata f.variegata

暗褐色を帯びた球状の鱗茎から数枚の葉と花茎を伸ばし、花茎の先に緑白色の花をつける。葉は長卵形で円状の斑点が散在する。

豹紋錦

L.socialis f. variegata

「豹紋【ひょうもん】」の斑入り種で、葉の縁と葉裏が紫紅色に染まり、さらに美しい。小さな釣り鐘形の花を穂状につける。

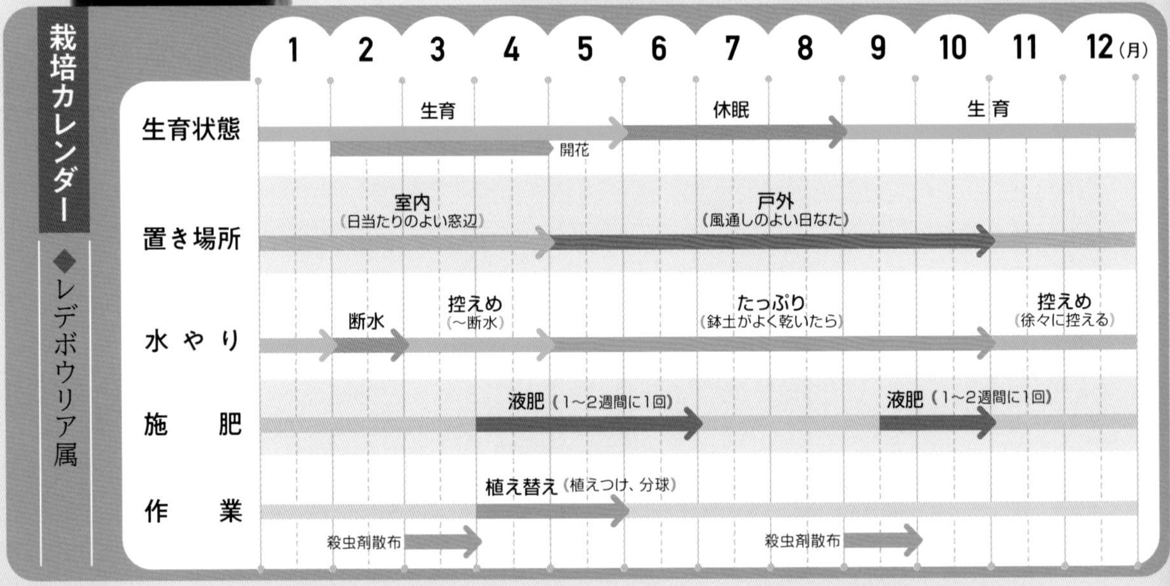

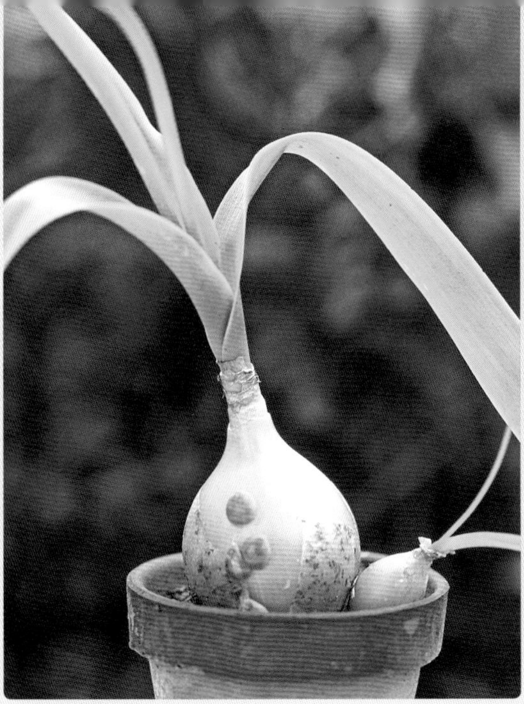

Ornithogalum

オーニソガラム属

〔キジカクシ科〕

ヨーロッパ、アフリカ、西アジアに約100種が分布する球根植物。球根は卵形、扁球形、洋ナシ形で、生では毒性があるが、飢饉(ききん)のときは焼いて食用にしたといわれる。属名はギリシャ語の「鳥」と「乳」からなり、この仲間に乳白色の花を咲かせる種があることに由来するといわれている。葉はすべて根出し、秋に葉が伸びてきたら水やりを開始する。

生育型	根のタイプ	難易度	原産地
冬型	細根	＊＊＊＊	アフリカ など

〈花〉

カウダツム O.caudatum

南アフリカ原産。「コモチウミネギ」とも。球根を露出させて植えると子球をたくさんつける。春に長い花茎に白い花を多数密生する。

（カウダツム）白花は径2.5㎝、50個以上密生する。

栽培カレンダー ◆オーニソガラム属

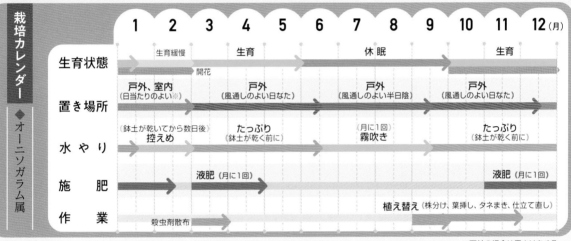

1 2 3 4 5 6 7 8 9 10 11 12（月）

生育状態：生育緩慢／開花／生育／休眠／生育

置き場所：戸外、室内（日当たりのよい※）／戸外（風通しのよい日なた）／戸外（風通しのよい半日陰）／戸外（風通しのよい日なた）

水やり：（鉢土が乾いてから数日後）控えめ／たっぷり（鉢土が乾く前に）／（月に1回）霧吹き／たっぷり（鉢土が乾く前に）

施肥：液肥（月に1回）／液肥（月に1回）

作業：殺虫剤散布／植え替え（株分け、葉挿し、タネまき、仕立て直し）

※戸外の場合は霜よけをする

Oxalis

オキザリス属

〔カタバミ科〕

一般にオキザリスと呼ばれているのは、中央～南アメリカ、南アフリカ原産の球根植物で美しい花をつける。葉は一般にクローバーのような３枚の小葉をつけるものが多いが、４小葉や掌状に多数裂けて傘のように開くものもある。葉色も緑や赤紫、銀白色などがあり、葉模様の美しいものもある。花はふつう太陽が照っている間だけ開き、曇りや雨の日は閉じている。生育期は日当たりのよい場所で育て、休眠中は乾かし気味に管理する。

生育型	根のタイプ	難易度	原産地
冬、夏型	細根、太根	＊＊＊＊	南アメリカ、ペルー、南アフリカ

パルミフロンス O.palmifrons

「孔雀の舞【くじゃくのまい】」とも。掌状葉が地面を覆うように広がり、寒さに当たると紫褐色を帯びる。夏に落葉して地下の球根を残して休眠する。

用語解説

ア

イボ
◆コブ（瘤）ともいい、サボテンの球体の表面に丸く小高くなった稜の頂部がイボ状に変形したもの。

イモ
◆塊根植物（コーデックス）などで、根に相当する部分が肥大して水分などをため、乾燥や干ばつに耐える仕組みを持つものをイモ（芋）の愛称で呼んでいる。

嫌地
◆一度ある植物を植えた土で同じ科の植物を続けて作ると、根が腐ったり、枯れたりして育たないため、新しい用土で植え替える。

栄養繁殖
◆挿し木や株分けなど、葉や茎、根など植物体の一部を使って殖やす方法。無性繁殖、クローン繁殖ともいう。

腋生
◆茎や枝のわきに生えること。

カ

カキ仔
◆子吹きした子球（または枝）を切りとったもの。

化成肥料
◆化学肥料の中で窒素、リン酸、カリのうち２種類以上を混合して粒状化したもの。成分比が明示されているので必要に応じて使い分ける。

株立ち
◆株元から３本以上の幹が立ち上がった状態をいう。

株分け
◆大きくなった株を複数に分けること。繁殖法の一つでもあり、株の若返りを図る効果もある。

緩効性肥料
◆施してからゆっくりと効果の現われる肥料。

気根
◆地上の茎や幹から空中に伸びだしている根のこと。倒れないように植物体を支えたり、空中の養分や水分を吸収したり、ほかのものに付着したりする。

木立ち性（こだちせい）
◆木の幹のように茎が太く、木のように立ち上がる性質のこと。

休眠
◆生長に適さない環境下で、植物が一時的に生長を休むこと。

鋸歯
◆葉のへりにノコギリの歯のようなギザギザがあり、ギザギザの先が葉先に向いているもの。

切り戻し
◆伸びすぎた枝や茎を、つけ根または途中で切り詰めること。切り戻すことによって下から元気な枝や茎が伸びてくるので、花数がふえたり再び花が楽しめることが多い。

コーデックス
◆根や茎にあたる部分が肥大して塊根、塊茎状になる植物の総称で「塊根植物」とも呼ばれる。一種異様な雰囲気を持ち世界中に愛好家がいる。

硬葉系
◆南アフリカ原産のハオルチア属の中で、葉が硬く株のシャープなフォルムを持つタイプを園芸的に「硬葉系」と呼んでいる。

腰水
◆浅い容器に水を張り、そこに鉢を入れて鉢底穴から水を吸わせるやり方。

子吹き
◆親株から子球や子株が発生すること。下部から自然に子球や子株が出てくる場合と、胴切りによって人為的操作で子球や子株を出させることがある。

互生
◆葉が互い違いにつくこと。

サ

挿し木
◆葉や茎、根など植物体の一部を清潔な用土に挿して根づかせる繁殖方法のこと。

挿し穂
◆挿し木に使う枝や茎をいう。

刺座（とげざ）
◆サボテンの稜上やイボの頂点につく刺や白い綿毛の固まりで、アレオーレともいう。

下葉
◆葉の下の方についている葉。

遮光
◆寒冷紗などを張って光を遮ること。

種子繁殖
◆植物から取ったタネで殖やすことで、有性繁殖とも呼ばれる。

種小名
◆個々の植物を識別するためのもので、世界共通の学名は属名＋種小名で表せられる。人間で言えば属が苗字で、種小名が名前にあたる。

浸透移行性殺虫剤
◆株元や植物に散布して葉や根から吸収させ、植物を食害したり吸汁した害虫を殺す薬剤。

石化
◆帯化、綴化ともいう。茎の一部が異常に扁平になる現象で、奇形のひとつ。サボテン園芸では綴化（せっか）と呼ぶが、多肉植物にも見られる。

叢生株
◆根際から多数の茎が出て株立ちになるもの。

速効性肥料
◆施すとすぐに植物に吸収されて効果が現われる肥料。液肥などがある。

タ

対生
◆葉が向かい合ってつくこと。

脱皮
◆リトープスなどで、古い葉を脱ぎ捨てるように新しい葉と入れ替わる様子が「脱皮」のように見えること。

単幹
◆一本の幹が生長するタイプをいい、サボテンでは上部が枝分かれするものもある。

遅効性肥料
◆ゆっくりと効果が現われる肥料で、油粕、骨粉などの有機質肥料の大部分がこれにあたる。無機肥料（化成肥料）などもある。

中刺
◆刺座の中央部から突き出る太く長い1～2本の刺のことで、主刺とも。

追肥（おいごえ）
◆植物が育ち始めてから施す肥料で、生育状況に合わせて施す。即効性のある液体肥料や化成肥料が代表。

爪
◆エケベリアなど、葉の先端部を指す。

摘心
◆ピンチともいい、枝や茎の芽先（芯）を摘み取ること。摘心するとわき芽の発生や分枝が促される。徒長や大きくなるのを抑えたいときにも効果がある。

綴化
➡ 石化参照。

徒長
◆枝や茎がだらしなく伸びた状態のこと。日照不足や窒素肥料が多すぎるとなりやすい。

ナ

軟葉系
◆南アフリカ原産のハオルチア属のなかで、葉が軟らかいものや透明感のある種類を園芸的に「軟葉系」と呼ぶ。

日長
◆日の長さのことで、明るい時間の長さを日長という。

根腐れ
◆水のやりすぎや通気が悪いと根が腐って衰弱する。気づいたときには手遅れの場合が多い。

根詰まり
◆鉢植えの鉢の中に根が伸びすぎてもうこれ以上伸びる余地がなく、水や養分が吸収できなくなった状態。

ハ

葉挿し
◆葉の一部、あるいは全部をつかった挿し木。全葉挿し、片葉挿し、葉柄挿しがある。

発根剤
◆挿し木の発根促進や活着促進などに使われる薬剤。

花座
◆一部のサボテン（メロカクタス属など）の球体の先端につく刺と綿毛の固まりで、この中から花が咲く。セファリウムともいう。

葉焼け
◆蒸散によって葉がしおれたところに強い直射日光が当たり、部分的に葉が枯れてしまう現象で、日陰に置いたものを急に日に当てると起こる。

斑入り
◆１枚の葉に２色以上の異なる色が入る現象をいい、このような葉を「斑入り葉」と呼ぶ。

覆輪
◆葉や花の縁に白色や黄色などの斑が入ること。

不織布
◆繊維を織らずに絡み合わせてつくられた被覆資材で、保温、防霜、防虫などに使える。

分枝
◆わき芽が伸びて枝分かれすること。

匍匐性
◆枝が地面を這うように伸びる性質で、クリーピングともいう。

マ

実生
◆種子から発芽した小さな植物で、一般に子葉が残っている状態を指す。

身割れ
◆球体が破裂して割けてしまう現象をいい、急激の吸水によって生じやすいので水の与えすぎに注意する。

無茎種
◆直立する茎を持たない種や品種。

元肥
◆植え付け、植え替えの際に施す肥料で、あらかじめ土に混ぜておく場合と、根の下のほうにまとめて入れる場合があり、肥料効果が長く続くものがよい。

ヤ

有窓種
◆コノフィツム属のグループ分けする手段の一つ。葉の先端部にガラス状の透明な部分があるものを「有窓種」、ないものを「無窓種」と呼ぶ。ハオルチア属にも有窓種がある。

有機質肥料
◆油粕、鶏糞、牛糞、骨粉、堆肥など。遅効性で土質の改良に役立つ。

有茎種
◆直立する茎を持つ種や品種。

ラ

ランナー
◆匍匐茎、匍匐枝ともいう。這うように長く伸びる節間の長い茎やつる。節に子株をつけることが多い。

稜
◆サボテンの球体に、縦に走っている少し高くなっている部分を稜と呼ぶ。稜が切れ切れになってこぶ状になり、さらに細かく分かれると丸いイボ状になる。

輪生
◆茎の節を囲んで何枚も葉がついていること。ついている葉の枚数によって３輪生、４輪生、５輪生などという。

ロゼット
◆茎の節間が極端に短くなり葉が重なって平たく放射状に広がっている様子、またそのように生育するものもロゼットという。

ワ

矮性
◆茎や枝の節間の伸長が抑えられて、その植物の標準的な大きさより草丈が低いこと。

わき芽
◆腋芽、側芽ともいう。茎の先端の芽（頂芽）に対し、葉のつけ根から出る芽のこと。

多肉植物図鑑 品種さくいん

分類

- ●……主に葉が多肉化した植物
- ●……主に茎が多肉化した植物
- ●……茎や根が肥大化した植物（コーデックス）
- ●……地下部が肥大化した植物（球根植物）

[ヒ]

[フ]

[ヘ]

監修者 **向山幸夫**（むこうやま　ゆきお）

「二和園（ふたわえん）」代表。静岡県富士市出身。幼少期から植物の世界に強い関心を抱き、1956年、大学の理学部在籍中の20歳にして多肉・サボテンの専門店「二和園」を起業する。以後60余年、多肉・サボテン生産者の草分け的存在として業界の発展に尽力する。元日本カクタス専門家連盟会長。長年にわたる栽培経験による豊富な知識は後進の拠りどころとして信頼され慕われている。また、園主の穏やかな人柄に惹かれて多くの多肉植物ファンが訪れている。

寄せ植え・アレンジメント

古賀有子（こが　ゆうこ）

ガーデンKOGA代表。コンテナガーデンマスター。グリーンアドバイザー。草月流1級師範。器を水盤にたとえ、花を生ける感覚で植物を植える「生け花風寄せ植え作家」として活躍中。ガーデニングスクール講師を務める傍ら、個展を開催。「日比谷公園ガーデニングショー」などのコンクールで多数受賞。監修に「花づくりの基本100」、「寄せ植えづくりのコツ100」（主婦の友社）がある。

金沢啓子（かなざわ　けいこ）

多肉植物のアトリエ「Atelier daisy & bee」代表。グリーンアドバイザー。多肉植物の教室・庭のデザイン植栽施工・店舗の植物コーディネートなどを手がける。毎週水曜はオープンガーデンとしてアトリエを開放。09'18ウェブショップ開設。ブログ「daisy & beeのガーデニング」
http://daisy-and-bee.com

撮影	金田洋一郎、金田　一（アルスフォト企画）
撮影協力	二和園、Atelier Daisy & bee、齊藤秀一、上野多喜子、伊藤智子（陶芸工房「間」）、勝胤寺
写真提供	アルスフォト企画、二和園
デザイン	佐々木容子（カラノキデザイン制作室）
イラスト	竹口睦郁
執筆協力	金田初代（アルスフォト企画）
編集協力	乙黒克行（帆風社）

プロが教える！
多肉植物の育て方・楽しみ方 図鑑630種

2020年4月10日発行　第1版
2024年1月25日発行　第1版　第6刷

監修者	向山幸夫
発行者	若松和紀
発行所	株式会社 西東社 〒113-0034　東京都文京区湯島2-3-13 https://www.seitosha.co.jp/ 電話　03-5800-3120（代）

※本書に記載のない内容のご質問や著者等の連絡先につきましては、お答えできかねます。

ISBN 978-4-7916-2784-4